JUAN MIGUEL VEGA LEAL

PREGÓN
DE LA
SEMANA SANTA

SEVILLA 2024

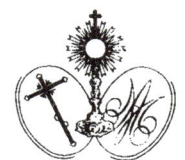

Fundación

Cajasol

Edita
Fundación Cajasol

Edición al cuidado de
Juan Diego Bazán Gallego. pedrobco@gmail.com

Dibujo de portada
Manuel Arcenegui y Mario-Paúl Martínez Fabre

Fotografías
Manuel Agüera (p. 118), Arturo Candau del Cid (pp. 26 y 96), Juan Carlos Gallardo (p. 46), Juan Alberto García Acevedo (p. 54), Antonio del Junco (pp. 64, 78 y 90), Pepe Morán (p. 58), Manuel Ramírez Rubio (pp. 24 y 40), Alejandro Ruesga (p. 70), Fernando Salazar y Ángel Bajuelo (pp. 84 y 114), Antonio Sánchez Carrasco (p. 110) y José Antonio Zamora (p. 32)

© de la edición, Fundación Cajasol
© del texto, Juan Miguel Vega Leal

ISBN: 978-84-8455-448-6
Depósito legal: SE-782-2024

Imprime: Pinelo. Artes Gráficas
Impreso en Sevilla - *Printed in Seville*

«COFRADES, A LA CALLE»

Volvemos a dejar impresas para la historia las bellas palabras del pregonero que colmaron de emoción y recuerdos las tablas del Maestranza en el Domingo de Pasión de 2024.

No es el primer pregón cofrade que firma, y eso se trasluce en el discurso del periodista Juan Miguel Vega, que ha sabido combinar el oficio de la palabra, en el que es experto, con la pasión cofrade que le acompaña desde la infancia.

Como aderezo personal, unas gotas de humor han dado como fruto un pregón fresco, emotivo, con ritmo y en el que ha reivindicado, con «osadía», la fe religiosa de los cofrades por encima de los ornamentos de la Semana Santa.

Muy presente San Bernardo y el Cristo del Amor, sus grandes referentes, pero sin olvidar a la Esperanza de Triana, a quien le dedica el Pregón, al Gran Poder como señor de Sevilla, el Cristo de los Gitanos, las hermandades de los barrios o los costaleros. Tampoco se olvida el pregonero de Conchita, la vecina que le enseñó a conocer y amar la Semana Santa y que ya no puede ir a verlo cuando sale de nazareno.

Y de fondo, su historia de amor con Sevilla, y la deuda que tenía con la ciudad y que queda saldada con este canto a su Semana Grande, a su tradición más arraigada. También brilla en el texto la historia de amor de sus padres y la suya propia con su mujer, evocaciones todas ellas hilvanadas por un sentimiento cofrade profundo que se le «metió en el corazón» cuando era un niño.

Como bien dijo Juan Miguel Vega tras pronunciarlo, su pregón ya es parte de la historia, historia viva de la Semana Santa que cada año ayudamos a construir y preservar con esta edición impresa del Pregón que anuncia la fiesta más sagrada de la ciudad. Así lo invocó su pregonero de este año: «cofrades, a la calle».

ANTONIO PULIDO GUTIÉRREZ
Presidente de la Fundación Cajasol

PROEMIO

En la anochecida del Domingo de Ramos contemplad al Bendito Crucificado del Amor, cuya sangre se derrama generosamente en la cruz, como bien simboliza el pelícano que figura a los pies de la misma; o bien, acudid el Miércoles Santo al neobarroco puente de San Bernardo y admirad cómo se transmuta en Calvario cuando alcanza su cenit la hermosa imagen del Cristo de la Salud, dulcemente dormido sobre el madero en el que se ha culminado la Redención y que lejos de simbolizar la muerte nos traslada el mensaje de vida eterna de un Cristo vivo, que se nos presenta triunfal y glorioso, cuando recorre en su argéntea custodia las calles de su castizo, torero y artillero barrio en la festividad de la Exaltación de la Cruz cada 14 de septiembre.

Es el Misterio de la Pascua de Jesús de Nazaret el eje central de este libro que tienes —amable lector— entre tus manos, concebido como Pregón de la Semana Santa de Sevilla, fruto de la fecunda creatividad de su autor, el prestigioso periodista Juan Miguel Vega Leal.

Nada descubro al afirmar que Juan Miguel Vega es una persona muy popular en nuestra ciudad, a la que ha brindado múltiples servicios desde los importantes cometidos que a lo largo de muchos años ha venido desempeñando como comunicador en diversos medios: prensa escrita, radio y televisión. A todo ello hay que sumar su labor como profesor en la *Universitas Senioribus* de la Fundación San Pablo-CEU

Andalucía, Comisario de la Exposición Puertas de Sevilla, ayer y hoy, y un largo etcétera hasta culminar en su actual responsabilidad como Director de Canal Sur Radio, donde fue uno de los creadores del popular programa «El Llamador».

El autor cuenta también con un brillante elenco de publicaciones: *Sevilla Ingrávida*, *Veinte maneras de entrar en Sevilla*, *Sevillanos*, *El barrio del Cerro del Águila y la Hermandad de Nuestra Señora de los Dolores*, *La Madrugá*, etc., lo que nos habla de que es un constante enamorado de Sevilla, de su Semana Santa y de sus Hermandades, a las que ha dedicado importantes piezas oratorias como el Pregón del Costalero de la Hermandad de San Esteban, el Pregón de la Esperanza en la Hermandad de la Trinidad, el Pregón de los Armaos de la Hermandad de la Macarena, el Pregón de las Glorias de María de la Hermandad de la Paz o el *Stabat Mater* de la Hermandad del Cachorro.

Como Presidente del Consejo General de HH. y CC. expreso mi más sentida gratitud a la Fundación Cajasol y su Presidente, D. Antonio Pulido, por patrocinar un año más la edición del Pregón de Semana Santa, un texto que no está destinado a ocupar un lugar en el anaquel de nuestra particular biblioteca, sino a tomarlo, una y otra vez, para deleitarnos con los pasajes que han tocado las fibras más sensibles de nuestro corazón y para evocar esa Semana Santa que anhelamos, con la que soñamos y que se hace realidad ante la contemplación de la primera Cruz de Guía.

Francisco Vélez de Luna
Presidente del Consejo General de HH. y CC.
de la Ciudad de Sevilla

PRESENTACIÓN

Me ha sido encomendada una gran responsabilidad, que para mí es un gran regalo. Presentaros a quien debe anunciar los días grandes de Sevilla.

Y hoy, ante ustedes, comparece aquel niño, aquel joven, que tantas veces estuvo sentado en este patio de butacas o en el Lope de Vega, con un nudo en el estómago aprendiendo:

que parecía que era la hora, y no lo era;

que la Macarena, por abril, cumplía diecinueve años;

que es mentira que no tenga nombre el corazón de esta ciudad, porque se llama Triana;

que la Semana Santa se aprende en brazos primero y de la mano después;

o lo bien que se llevan los pasos andando sobre los pies, con las mecías cortitas y acompasado el vaivén.

Tantos Domingos de Pasión sintiendo, masticando la espera. Unos años con mis padres o mis abuelos de la mano, otros con los amigos de mi hermandad. Los he leído todos, los he disfrutado todos, he soñado con todos, y de todos saqué una vivencia o una emoción. Muchos los escuché en el magnetofón que tenía mi abuelo en su casa, como el de Manolo Toro o Sánchez Dubé, otros desde la priostía de mi hermandad, mientras mi Virgen del Patrocinio tenía sus manos ofrecidas a Sevilla.

Hoy, aquí en el atril de este Teatro de la Maestranza, toco la madera que han tocado tantos pregoneros. Hoy siento el caudal de emociones que ellos aquí dejaron.

Hago mías las vivencias que ellos contaron a tantas generaciones de sevillanos, y las oraciones que de sus labios salieron.

Hoy me abrazo a esta madera con la misma Fe con la que todos ellos lo hicieron y que ahora, teniendo sólo que presentar al pregonero, siento los mismos vértigos y emociones que ellos tuvieron al cantarle a nuestra ciudad.

Quiero dar gracias a Dios por permitirme ser parte de este momento que abre las puertas de la ciudad a su Semana Mayor.

Le doy las gracias por nuestras hermandades, auténticas artífices de nuestra Semana Santa, que sean luz, que sigan vivas y activas, con su maravillosa labor de formación, caridad y conservación de nuestro patrimonio artístico, llenando de esperanza cada barrio de Sevilla, barrios que necesitan una atención preferente, y ellas la dan, allí donde la administración no llega. Gracias por nuestros artesanos y nuestros músicos. Su trabajo diario, su calidad que supera la excelencia, es orgullo de todos.

Y le doy especialmente las gracias por todos los trabajadores municipales. Por todos los servicios públicos que garantizan que nuestra Semana Santa sea una fiesta segura. Por todos los servicios públicos que garantizan que los cortejos procesionales discurran sin obstáculo alguno, y los que se aseguran que cada mañana, cada tarde y cada noche nuestras calles estén limpias para volver a disfrutar una Semana Santa a la altura que nuestra ciudad merece.

Hoy quiero ser más que nunca ese niño cofrade, que cada Viernes Santo viste su túnica nazarena del Cachorro, y con la ayuda de nuestro pregonero, que hoy, me consta, es un niño nazareno de la Borriquita, me acompañe al palquillo de la ciudad a pedir emocionado la venia a Sevilla, para presentar al pregonero de nuestra Semana Santa los próximos años.

Para presentarles a la persona que va a anunciar nuestra Semana Santa, quiero que imaginen que estamos en la priostía de cualquiera de nuestras hermandades, que se empapen del olor a bicarbonato, alcohol y *tarnichil*.

Aún recuerdo cómo, cuando éramos unos jóvenes cofrades con la bata blanca y limpiábamos la plata del palio de nuestra Virgen, sonaba en un viejo transistor la sintonía del llamador y surgía la voz clara, reconocible, auténtica de Juan Miguel Vega, voz que para nosotros representaba el inicio del tiempo que nos llevaba a nuestra gran pasión: la Semana Santa. Y esa voz es hoy la que pregona a Sevilla.

Aquella generación no sabía que detrás de aquella voz había un cofrade de Rochelambert, que igual que tantos niños de los barrios más alejados, como yo mismo desde el Polígono de San Pablo, vivíamos con la misma intensidad que un niño del centro la Semana Santa. Y el pregonero la vivía desde su casa mirando de reojo a las cofradías más cercanas.

El pregonero es BARRIO. Salud y Refugio son sus devociones de niño. Su túnica, elegante y cargada de personalidad. Nazareno de Miércoles Santo, de San Bernardo. Allí el pregonero vive su liturgia de vestirse la túnica de nazareno. Morado y negro en las manos de una madre que siempre le vistió, junto a su vecina Conchita, con el mimo que la ocasión merecía, y la emoción que nuestro pregonero da a esos detalles, que son Semana Santa auténtica y siempre nostálgica. Día grande, de barrio en fiesta, en el que la calle ancha se llena de vida y todo San Bernardo se empapa de una luz única.

El pregonero es RADIO, su vocación, su gran pasión. Periodista de cuna. Voz inconfundible, llena de personalidad. Antena 3 Radio, donde comenzó, y desde 1989 en Canal Sur Radio, donde es director desde 2019. Escritor, articulista, pregonero... aún sienten los armaos el pellizco que atravesó sus corazas en aquella noche de sueños macarenos, como permanecen las oraciones en los ojos vidriosos de quien es protectora, abogada y mediadora nuestra allá por la calle Castilla.

El pregonero es PADRE. Juanmi, Raúl e Ignacio. Tres hijos que ven en él un espejo de firmes valores y auténtica sevillanía. Observad el brillo en los ojos de sus hijos cuando habla, y lo entenderéis.

El pregonero es COMPAÑERO DE VIDA. Su mujer es su gran pasión, su amiga. Isa. La que siempre está a su lado, casi desde que eran unos niños. La que le llevó de la mano a enamorarse del crucificado que te lleva a Dios por el Amor.

Isa es al pregonero, lo que la rampa del Salvador al misterio de la Borriquita, lo que zaqueo a la palmera. No se entiende al uno sin el otro.

Y el pregonero es SEVILLANO, «*cada día soy y me siento más orgulloso de ser de Sevilla*», me decía emocionado mientras confesaba sus grandes pasiones.

El pregonero es hombre de profundas devociones. He estado a su lado intentando resistir la mirada tierna y maternal de la Amargura. He sentido de cerca la emoción en su pecho, embobado ante una de las dolorosas más madre de todas las dolorosas de Sevilla. Lo he visto llevar a la Esperanza, meciéndola más que portándola, casi dejándose llevar por Ella. Una giganta a la que él miraba de reojo, sin creer lo que estaba viviendo. Navegando en sus mejillas, sintiendo la responsabilidad encomendada y poniéndose en sus manos.

El pregonero es del AMOR. Muy del Amor. Nazareno de ruan, nazareno de Domingo de Ramos. Ante su Cristo ha celebrado los momentos más importantes de su vida.

Amigo pregonero, tú que has escrito tanto de las puertas de Sevilla, hoy las tienes abiertas de par en par. Tú que conoces su historia, sus rincones, su memoria, cógenos de la mano y cuéntanos las emociones que todos conocemos pero que necesitamos que alguien nos la recuerde cada Domingo de Pasión. Cumple con el rito de proclamar lo que ya presentimos, lo que ya palpamos, lo que deseamos compartir un año más.

Contágianos de esa Fe que sostiene tu vida, que orienta tus días, que te hace caminar por la vida con la sencillez con que a todos nos cautivas. Muéstranos a ese Dios cuya Pasión, Muerte y Resurrección vamos a conmemorar en siete días, y que constituye el epicentro de nuestra celebración.

Llévanos con tu palabra a cruzar las puertas de la vida de la ciudad, a traspasar el dintel de la emoción para comenzar a vivir una nueva Semana Santa.

Pregonero, Sevilla te espera, tuya es la palabra.

MANUEL ALÉS DEL PUEYO
Teniente alcalde Delegado de Fiestas Mayores

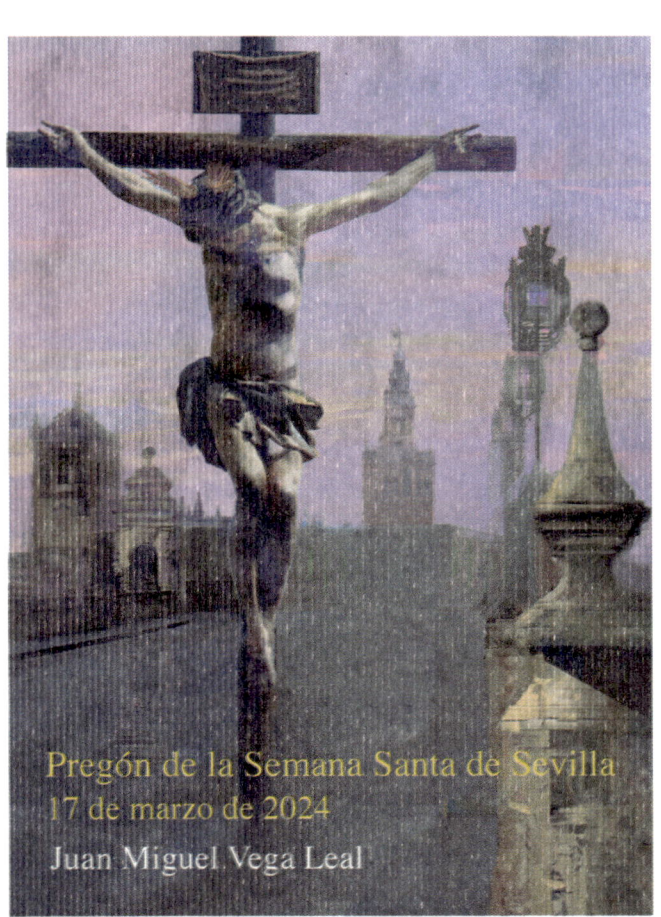

Pregón de la Semana Santa de Sevilla
17 de marzo de 2024

Juan Miguel Vega Leal

CANTO A SEVILLA

*A Dios por el Amor. Porque donde
hay Caridad y Amor, allí está Dios.*

¿Qué es Sevilla? ¿Cuál su secreto? Yo se lo pregunté a un sabio. Yo se lo pregunté al hombre que, posiblemente, mejor la conoció: el profesor Francisco Morales Padrón. Sí, el de aquel pregón tan controvertido —y tan hondo—, pero el hombre que, posiblemente, mejor la conoció.

Un día fui a verlo y le pedí que me lo dijera: «Profesor, ¿qué es Sevilla?».

Era una pregunta difícil, muy difícil, lo sé. Pero Morales Padrón dio con la respuesta.

Meditó un instante brevísimo y luego, señalando hacia el otro extremo del salón de su casa, me dijo: «Sevilla es... esa luz que entra por la ventana».

Yo sé que tú también, como yo, la has reconocido esta mañana. Esa luz —Sevilla—; esa luz diferente, como venida del tiempo sin tiempo de la infancia, es la que hoy nos anuncia que llega otra vez la Semana Santa. Y al sentir su caricia sobre la ciudad, deslizándose entre las espadañas, proyectando la sombra de la flor del azahar, iluminando las caras y haciendo que todo en nosotros produzca una extraña felicidad, te has dado cuenta de lo poco que falta.

La luz te ha dicho esta mañana que el sueño está de nuevo a punto de volver a hacerse realidad; que esto, sevillano, ahora, de verdad, sí que ya está aquí. Llega la Semana Santa. Otra Semana Santa. Un milagro que todos los años ocurre por obra y gracia de la luz. De una luz llamada Sevilla.

> Es posible que no seas
> la mejor ciudad del mundo,
> que haya otras con más porte,
> más monumentos, más lujo.
> También puede que no seas
> la que tenga mejor gusto,
> que otras posean más belleza
> o sean del arte atributo.
> Quizá hasta tengan más glorias
> en el blasón de su escudo.

Y hasta más gracia que tú,
menos malage, seguro.
Mas tu eres la mía, Sevilla.
Aquí mi madre me tuvo,
fue en ti donde abrí los ojos
y eché a volar al futuro,
amparado por tu cielo
y mi Virgen del Refugio.
Es cierto, tal vez no seas
la mejor ciudad del mundo,
pero a poco que lo pienso,
es que yo de ti presumo.
Porque bonita eres tela,
como tu empaque, ninguno.
Monumentos, a manojos
y esos parques, de dibujo.
Tu piedra, tu cal, tu albero,
un simple detalle tuyo
hizo inclinar la rodilla
a todo el que verte pudo.
En lo que de ti me gusta,
Sevilla, todo lo incluyo.
Por gustarme hasta me gusta
la calle Imagen, lo juro.

De tu gente, ¿qué me dices?
El sevillano, tan suyo,
la sevillana, tan guapa,
la envidia son de Epicuro.
No te cambiaría por nada
pues si aquí nacer me cupo,
aquí me despediré
cuando el sol se vuelva oscuro
y mi alma ese día cruce
el Arco de tu triunfo
para por fin ver la Rosa
de San Gil y a Ella junto
estar por siempre en la Gloria;
en su regazo, en su arrullo.
Es cierto. Tal vez haya otras
con más empaque y más lujo.
Pero ninguna me causa
sentimientos tan profundos.
Pasión, enamoramiento,
locura, a veces, incluso.
Y al llegar Semana Santa,
tu cáliz de miel apuro,
que de la gloria del cielo
vibra en la calle un barrunto.

Es tu gracia la finura
y tu secreto, el embrujo.
Eres la exacta medida,
tu sol, el oro más puro.
Por leal, noble y mariana
ser sevillano es mi orgullo,
y además, eres Invicta,
así que sobran tapujos:
Para mí eres lo más grande
y aquí se acaba el asunto.
Que sí, hombre, que habrá otras
por ahí que valgan mucho,
pero como tú, Sevilla,
no hay nada igual en el mundo.

SALUTACIÓN

Excmo. y Rvdmo. Señor Arzobispo.

Excmo. Señor Alcalde.

Ilmo. Señor Teniente de Alcalde delegado de Fiestas Mayores.

Ilmo. Señor Presidente y Junta Superior del Consejo General de Hermandades y Cofradías.

Excmas. e Ilmas. autoridades.

Señoras y señores, queridos paisanos.

Cofrades de Sevilla.

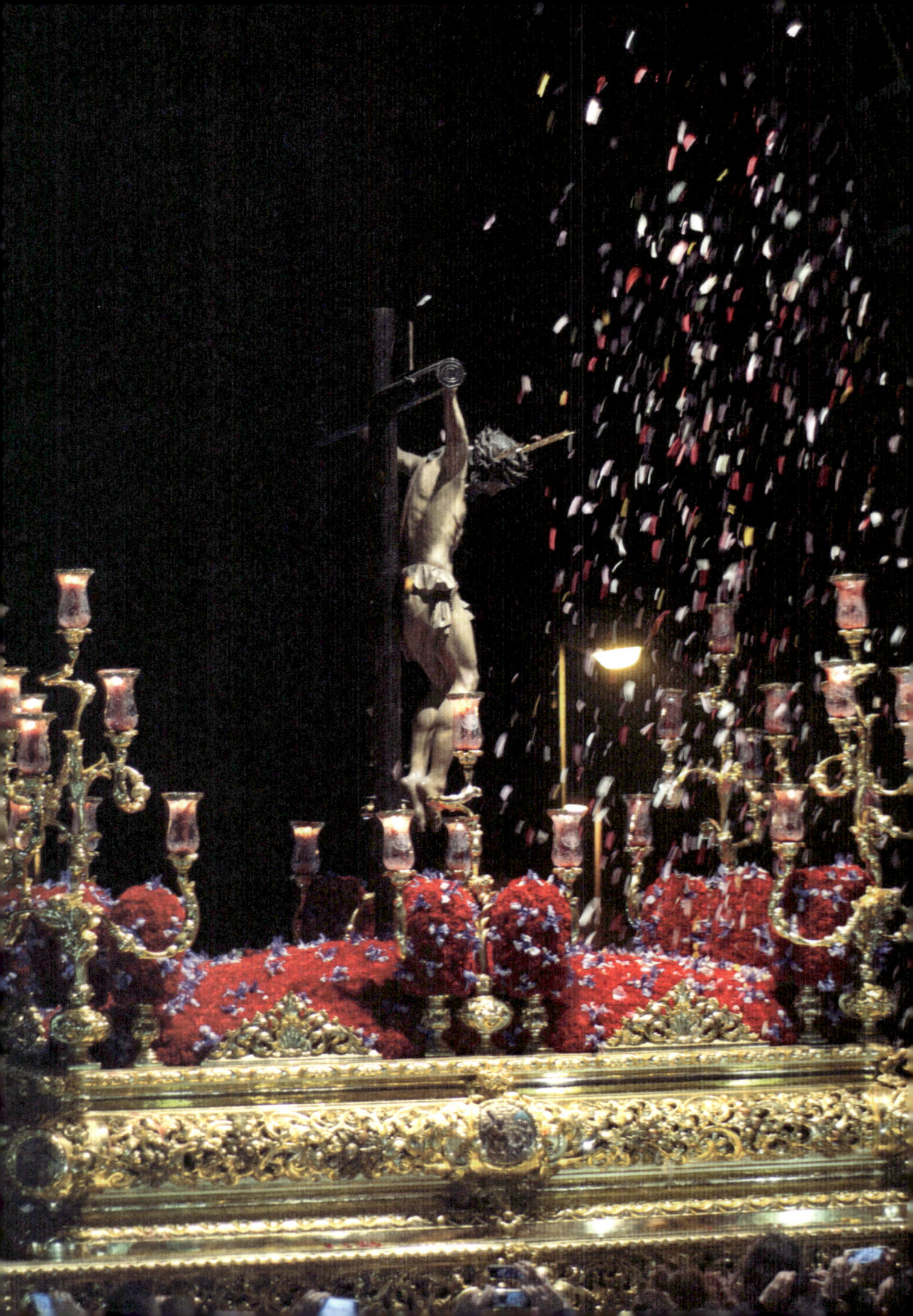

TODO ESTÁ LISTO

En la penumbra de la salita, cuelga ya la túnica planchada, impecable; la papeleta de sitio espera en el cajón; a las iglesias han llegado los pasos y en ellos están ya las imágenes, en torno a las cuales se despliegan los geométricos alardes de las candelerías que habrán de iluminarlas. La ciudad también se ha preparado. Ya se han puesto las ramplas, montado los palcos, engalanado las calles, cortado las ramas de olivo y rizado las palmas. En el firmamento, los vencejos escriben con letra inglesa los versos más hermosos que nadie ha dicho nunca a Sevilla; y hasta los firman con la tinta negra de sus plumas, garabateando en el celeste las rúbricas de los poetas que le hablaron de amor a la ciudad. Esas luces de fuego que ves cruzar el cielo de noche son las chispas que saltan de la piedra donde afila su puñal el saetero; al que espera ya el balcón entreabierto para que salga a clavárselo en el corazón al viento. El aire aguarda el quejío; el adoquín, la cera; el canasto, la flor. Huele a esparto, a almendra garrapiñá, a calentitos de papa, a miel, a azahar... Dime que no te entra ná por dentro al pensarlo. Dime que no te llena de alegría —de esa alegría, sevillano, que sólo tú y yo comprendemos— saber que la semana que viene será Semana Santa. Que dentro de siete días, de sólo siete días, será Domingo de Ramos.

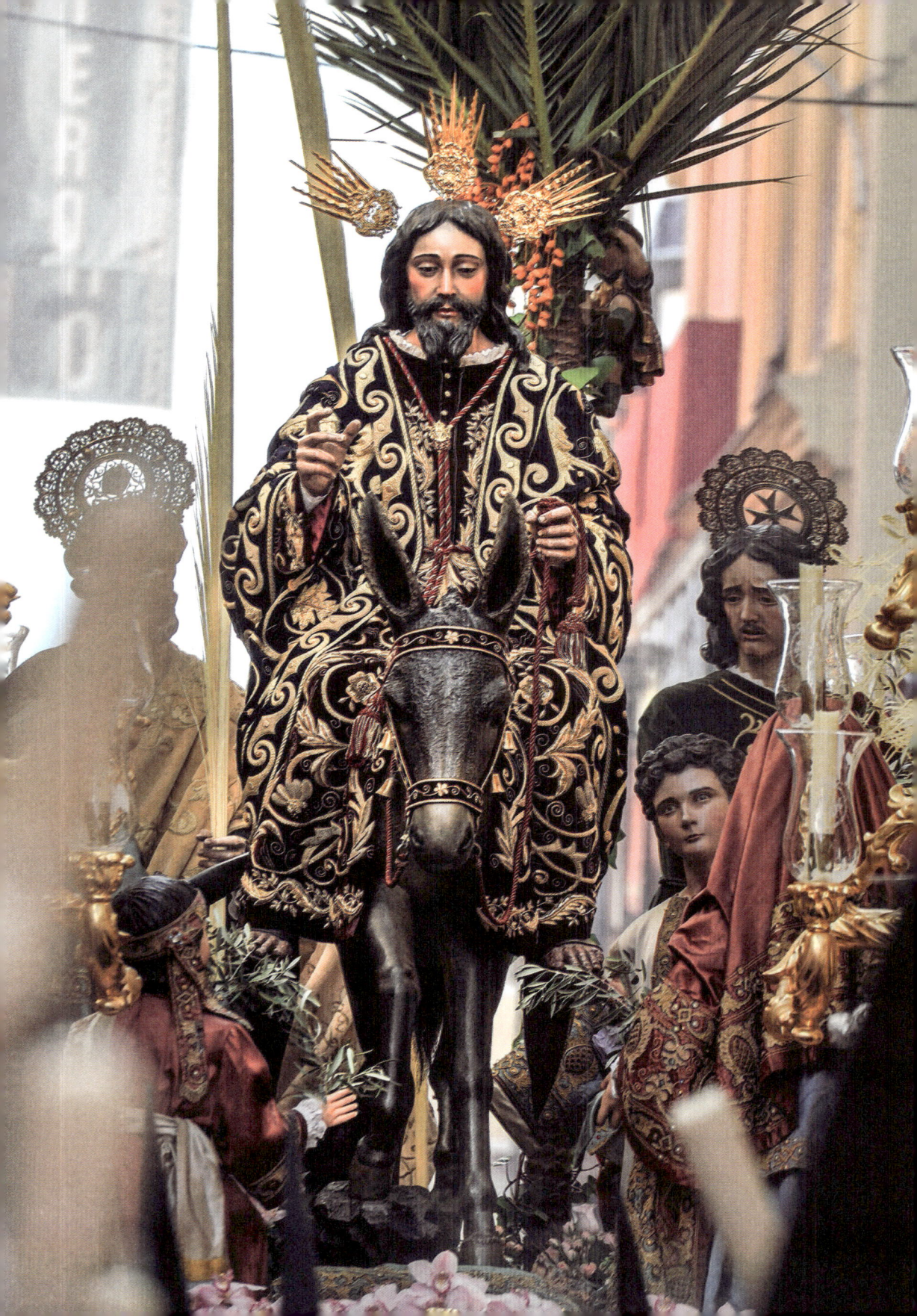

DOMINGO DE RAMOS

Ahora sí que ya está aquí,
la Semana Santa empieza,
pronto verás por la Ronda
nazarenos de la Hiniesta
camino de San Julián,
porque la hora se acerca
y verás cruzar la ojiva
a la Dolorosa eterna,
pues hay esquinas y horas
que son sólo para ella.
Ya La Paz del Porvenir,
porque salió la primera,
tomó la senda del parque.
Y en el jardín de su celda,
bajo un ciprés centenario,
Gustavo Adolfo la espera

para decirle en silencio
rimas de verde arboleda.
La Eucaristía en los Terceros,
Cristo es el pan de la Cena
y es Humildad y es Paciencia,
Subterráneo, Madre buena,
el azahar y la rosa
te brindan su flor más nueva.
Hermano esto ya está aquí,
la banda a Molviedro llega
con el brillo y la sonrisa
de quien la felicidad estrena.
Va con Jesús Despojado
alentando la faena,
rodilla en tierra clavada
de su gente costalera.
Y en el Puente de Triana,
capirotes de la Estrella,
que ya va a estar trianeando
nuestro Cristo de las Penas.
Ahora sí que ya está aquí,
ya se han abierto las Puertas
del templo del Salvador,

sonando están las cornetas,
sale ya la Borriquita
y la calle Cuna entera
colmadita está de niños
con sus velitas de cera.
Esos niños nazarenos,
nuestra otra primavera.
A compás la bambalina
se oye cada vez más cerca,
viene alegre, es de San Roque
Gracia y Esperanza plenas,
que aún no salió la luna
ni hay en el cielo estrellas.
Nada queda que esperar,
Silencio en la calle Feria,
un Misterio a paso largo,
Herodes a Dios desprecia.
La Amargura está saliendo,
el sol su luz atempera,
suena la marcha más triste
para la pena más tierna.
Hermano esto ya está aquí,
mas el fin también se acerca

porque ha llegado la noche
y también llegó con ella
el Verbo que se hizo carne,
carne de noble madera.
Ahora el Cristo del Amor
los blancos rayos refleja
de la luna que en el cielo
ilumina sus potencias.
Rayos que también alumbran
de la Madre su honda pena.
Socorro y Amor que calman
el dolor de mis miserias.
En el reloj da la hora,
en la Giralda ya suena
la campana que lo anuncia
y todo a su luz despierta.
Es el Domingo de Ramos
un don que Dios nos entrega,
guárdalo dentro, paisano,
que lo sienta tu alma entera.
Es el día más luminoso
y la noche más excelsa.

Cuando Sevilla derrocha
toda su inmensa belleza,
cuando la gloria se toca,
cuando los ángeles sueñan
cómo sería si el Cielo
pudiera estar en la Tierra.

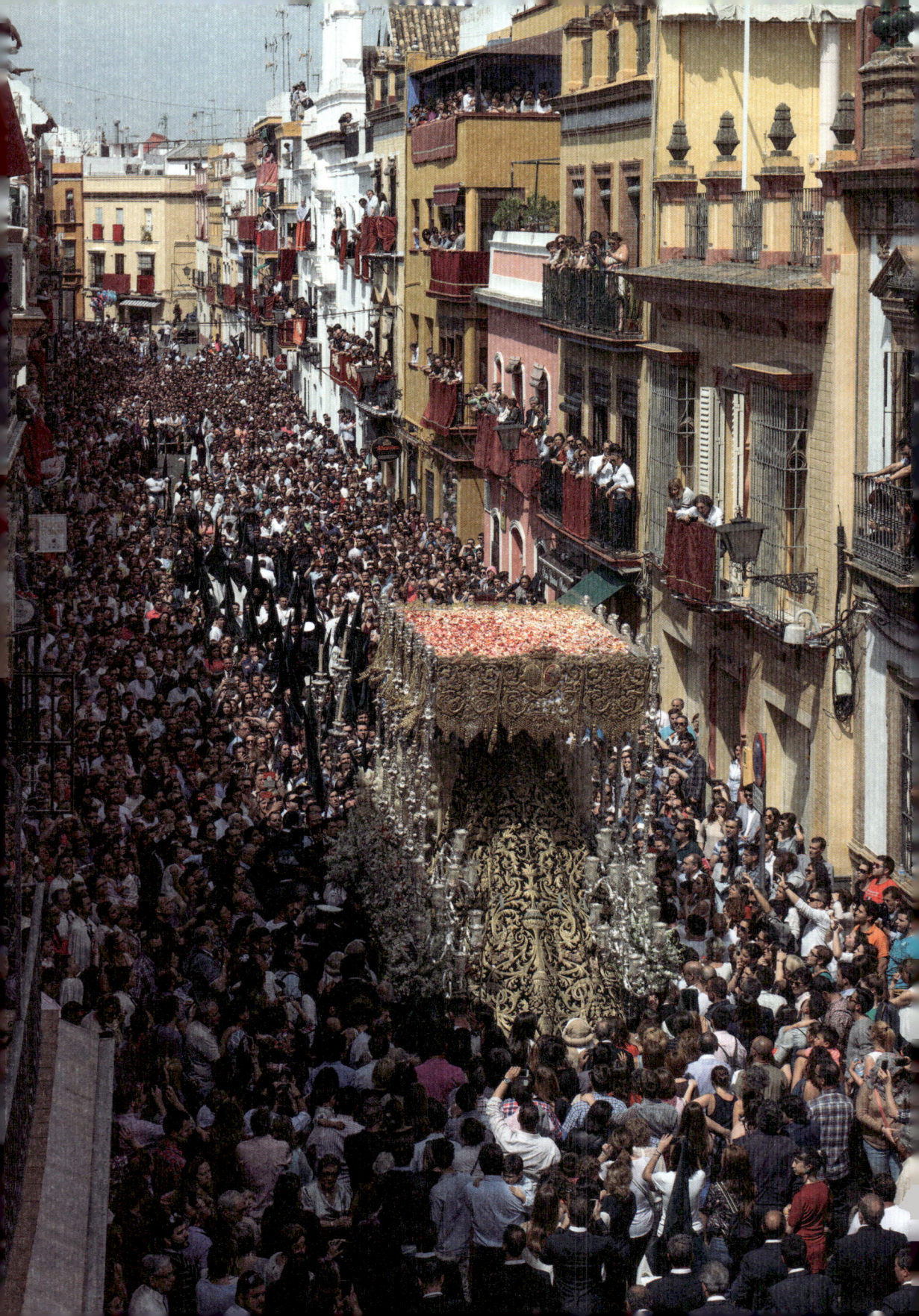

EVOCACIÓN DE TRIANA

Los sevillanos empezamos a amar la Semana Santa antes incluso de comprenderla. De niños, al mismo tiempo que nos enseñan a hablar, aprendemos a llevar el compás del tambor y a tararear las marchas de cornetas. La Semana Santa se nos mete en el corazón cuando empezamos a vivir. Desde el principio forma parte de nuestras emociones más profundas; la llevamos tan dentro como la caricia o la voz de nuestros padres. ¿El Misterio? Ya habrá tiempo de descubrir el Misterio. De saber que es Dios quien anda detrás de todo esto que nos llena el alma de alegría.

La memoria viaja ahora muy atrás en el tiempo, buscando el primer recuerdo de la Semana Santa; cuando empecé a amarla sin todavía comprenderla. Y llega hasta el amanecer de un lejano Viernes Santo; un amanecer de cielo encapotado. El niño de ese recuerdo ve pasar ante él las figuras altísimas de unos nazarenos de capa blanca y túnica de terciopelo verde que caminan en silencio. En la capa llevan un escudo que preside un ancla. El niño no lo sabe aún, pero ese ancla es ya parte de las ataduras que lo unen a los suyos; a su sangre. En las casas de sus abuelos, como en la suya, colgaba de una pared la misma foto de la misma Virgen a la que acompañaban aquellos nazarenos. Esa Virgen lo vio crecer; lo vio reír y enfermar, acertar y equivocarse, sufrir y gozar, lo vio vivir, hacerse un hombre, formar una familia... Y como salida de aquel recuerdo; como regresada de ese ayer nuestro que es su eterno siempre, Ella está hoy aquí ofreciéndonos el tesoro de su esperanza en este bendito domingo de ilusión; en este mediodía donde proclamamos solemnemente la víspera de la Semana Santa.

María Santísima de la Esperanza de Triana: A ti quisiera ofrecer este humilde pregón para honrarte y darte gracias; Tú, que sigues velando por nosotros con esos tus ojos negros y misericordiosos; esos ojos que ahora, como siempre hicieron, sé que me están mirando desde el otro lado del río; ese río que riega de tu esperanza Andalucía con el agua que santificas cada Viernes Santo otorgándole el bendito privilegio de reflejar tu cara morena.

Toda la vida contigo
Señora de la Esperanza.
Fue mi deseo a ultranza
que me arropara tu abrigo
y ser el mejor amigo
de tu hijo el marinero,
enrolarme en tu velero,
ser cordero en tu rebaño,
repetirte, año tras año,
lo mucho y bien que te quiero.

Sobre un mar de terciopelo
verde y sal de espuma blanca,
de capas que llevan anclas
para fondear en el cielo,
tu navegar es un vuelo
hacia un distinto mañana.
Toma el timón, capitana
de la virtud y la belleza,
pon rumbo a calle Pureza,
que quiero estar en Triana.

Tú eres Flor, luz, alegría,
noche, plata, luna, río,
pasión, alma, escalofrío.

La sal de mi Andalucía
que en tu llanto va, mecía
por el sudor costalero.
Yo sí sé por qué te quiero,
que en la pila de Sant'Ana
recibió la fe cristiana
el que la sangre me dio.
¿Tendré que quererte o no,
Esperanza de Triana?

Y de Triana, el Puente. Ahora el Cachorro lo está cruzando. Va camino de Sevilla. Y allí estoy yo también, de la mano de mi padre; que ha vuelto a acudir a la llamada de la sangre; la sangre lo ha convocado, un año más, a su Triana. Y estamos viendo el Cachorro. Parece que va a llover, pero no se atreve. El Cielo está quieto viendo pasar el Cristo de la Expiración. Dicen que hoy Dios se muere, pero no es verdad. El Cachorro no se está muriendo; el Cachorro está empezando a resucitar; vuelve de la oscuridad para salvarnos. Y así se nos muestra cada Viernes Santo cuando, ya de regreso, parece levitar, como en un presagio de la Ascensión, mientras avanza, calle Castilla adelante, cruzando la noche de Triana, alumbrado por un rayo de luna que es como el blanco resplandor del mismo Dios Padre, quien, otra vez, como en el Jordán, como en el Monte Tabor, parece señalarlo y decir: Este es mi hijo más amado. Escuchadlo. Resuenan también en la cal de las viejas casas las palabras de su Madre del Patrocinio en las bodas de Caná: Haced lo que Él os diga. Haced lo que Él os diga. Y todo lo que Él nos dijo se resume en la palabra que inspira la contemplación de ese hombre que está entregando todo lo que tiene, su vida, por los demás; por nosotros; por todos nosotros. Ese hombre al que ahora vuelvo a ver, en una tarde de hace ya muchos años, junto a mi padre que ha vuelto, como ha vuelto aquella tarde; y sin hablar lo miramos: el Cachorro sobre el puente va camino de Sevilla; un hombre solo que eleva al cielo su mirada, pidiendo al Padre que lo acoja y perdona a quienes lo clavaron en esa cruz terrible que tiembla en el espejo del río. Y he vuelto a comprender al verlo que Dios es Amor. Aprieto fuerte la mano de mi padre, para que no se vaya; para que tampoco se vaya esa tarde. Y vuelvo a comprenderlo. Dios es amor. Si tú no lo comprendes, sostenle, si puedes, la mirada al Cachorro y comprenderás al verlo que en el breve instante de su Expiración está también, entera, toda la eternidad que el Dios que nos ama nos tiene prometida; una eternidad junto a Él, en ese Paraíso que reflejan los ojos, porque a él ya se están asomando, porque ya lo ven, de ese gitano del Zurraque, de ese Dios moreno al que llaman el Cachorro de Triana.

Triana no ha dejado de llamar a mi sangre; por lejos que me fueran llevando los vericuetos de la vida. Triana siempre aparecía al final del camino. Y allá, sobre el horizonte, la luz de una estrella que jamás se apagaba. Esa luz que parecía generar toda la celestial claridad del Domingo de Ramos. En el lejano barrio donde me crié, siempre era un nazareno de la Estrella el que anunciaba la llegada del día mejor. Hasta allí venía la brisa del río para hacer volar su capa blanca, que resplandecía al sol del mediodía como una loza de la Cartuja. Los chiquillos correteaban alegres tras él, pidiéndole caramelos, y el barrio se llenaba de alegría y felicidad porque ahora ya sí, ya era Semana Santa.

Esa luz que hacía resplandecer la capa blanca del primer nazareno de mi infancia fue la que una vez señaló el camino a mi hijo Juanmi en uno de esos momentos de la vida en los que la incertidumbre lo oscurece todo. La luz pareció susurrarle aquella oración de San Bernardo, mientras le señalaba la otra orilla del río: «Oh tú que te sientes lejos de la tierra firme, arrastrado por las olas de este mundo, en medio de las borrascas y de las tempestades, si no quieres zozobrar, no quites los ojos de la luz de esta Estrella, invoca a María».

Y ocurrió que mi hijo se presentó un día en casa con una túnica blanca y un antifaz de terciopelo azul, como los de aquel nazareno que, de niño, me anunciaba la llegada del Domingo de Ramos.

Hay una luz que nos guía
hasta su breve capilla
donde la noche se humilla
ante el rostro de María.
Ella es la luz de este día,
que ha amanecido a deshora
porque es del tiempo señora
y es un lucero que anuncia
a la hora en que el sol renuncia
la claridad de otra aurora.
La tarde ahora es la mañana,
la senda del vivir más llana
caminando tras su huella,
siguiendo siempre a la Estrella
hasta el cielo de Triana.

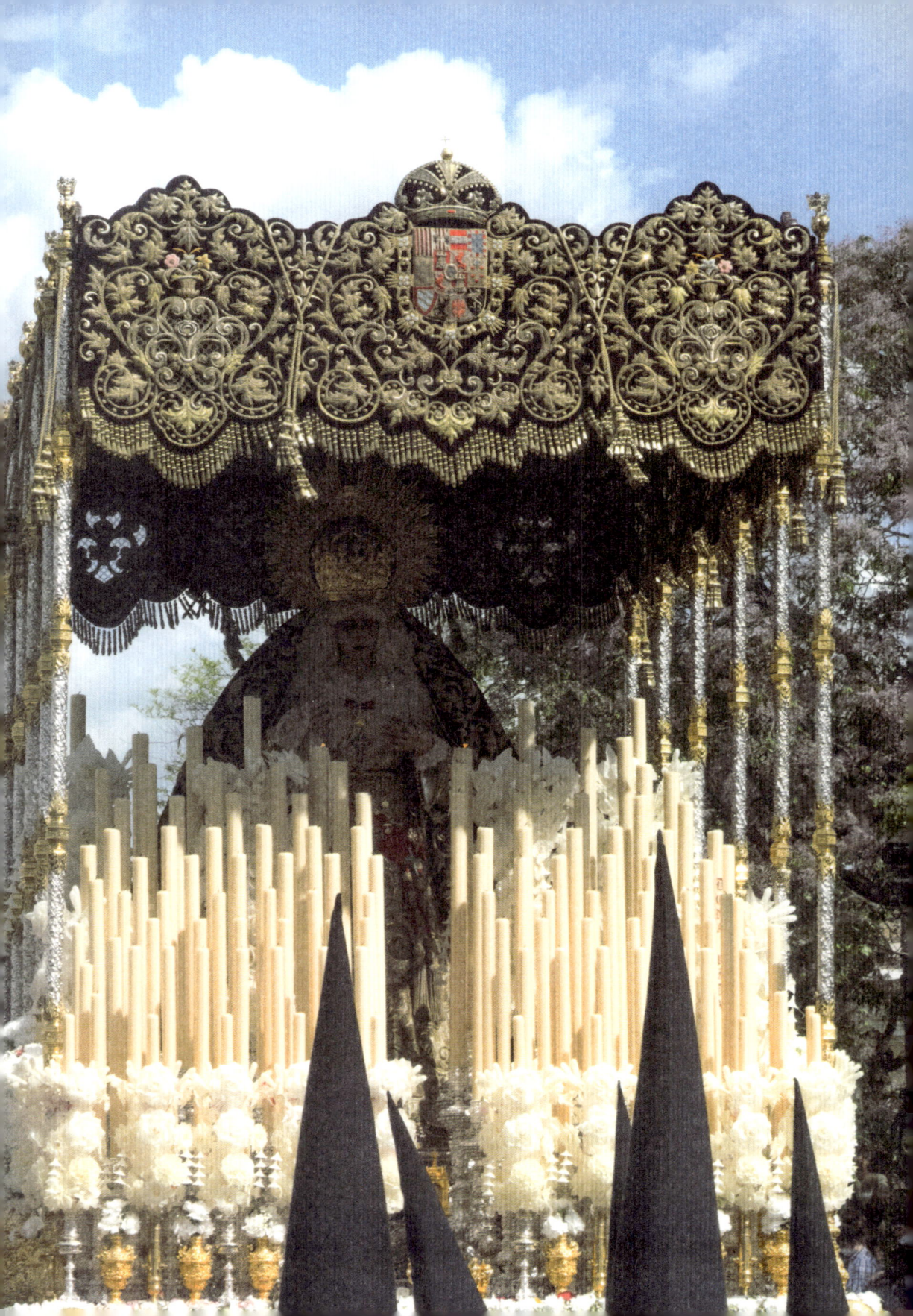

SAN BERNARDO

La calle por la que se entra a lo más recóndito del barrio de San Bernardo se llama Puerta del Cielo. El barrio de San Bernardo es un mundo aparte. Un lugar aislado del resto de la ciudad; olvidado muchas veces. El barrio de San Bernardo es un sitio camino de ninguna parte. Pero la calle por la que se entra a lo más recóndito del barrio de San Bernardo se llama Puerta del Cielo. Sevilla nunca da puntá sin hilo.

El barrio, es cierto, ya no es el mismo, pero todavía conserva sus dos bienes más preciados. Los que asientan y definen sus verdaderas señas de identidad: el Santísimo Cristo de la Salud y la Virgen del Refugio. Dos tesoros que, una vez al año, San Bernardo comparte con el resto de la ciudad.

El Cristo de la Salud es el Cristo de la dulce muerte. Un Jesús cercano y humano, como aquel para el que la voz popular, apiadándose de él, pedía escaleras para quitarle los clavos. Pero el

Cristo de la Salud es también como aquel otro que anduvo en la mar; aquel al que otra voz, más popular todavía, la de Antonio Machado, decía preferir, quizá por ser más Dios y menos hombre. Machado se fue demasiado pronto de Sevilla, con ocho años. No le dio tiempo a comprender que ambos, el crucificado y el que anduvo sobre las aguas, aquí son el mismo. Que el de la cruz también camina en Sevilla sobre la mar del fervor y la devoción; sobre las tempestades del miedo y la desesperanza.

El Cristo de la Salud marca la exacta equidistancia entre el principio y el final de la Semana Santa. La Semana Santa termina de empezar cuando a mediodía del Miércoles Santo, en su camino a la Catedral, el Cristo de la Salud asciende el puente que lleva el nombre del barrio. Un puente que la hermandad salvó del derribo y este año se convierte en centenario.

Luego, cuando de noche regresa y en el puente los reflectores de los bomberos perfilan su sagrada silueta en la oscuridad, algo por dentro nos dice que la Semana Santa ha empezado a acabarse.

> Oro fundido el miércoles derrama
> esta tarde en tu Gólgota del puente,
> le duelen las espinas de tu frente
> al lirio que a tus pies morir reclama.

Se agita en el candelabro la llama
ahogada pues tu respirar no siente,
mas brota en tu costado ya la fuente
del agua que la salvación proclama.

Las olas de la mar de Galilea
evoca esta pendiente sevillana.
Camina otra vez Cristo en la marea.

Aquí ha doblado el cabo la semana
y una aurora boreal hoy se recrea,
barnizando tu piel de porcelana.

El Cristo de la Salud no sólo sale el Miércoles Santo. Para nosotros, los suyos, está cada día en la calle. A nuestro lado, acompañándonos, calmando los dolores que nos afligen; conociendo y consolando nuestras penas. Y riñéndonos cuando no lo hacemos bien. Cuántas incertidumbres, cuántos miedos, cuántas dudas, cuántas noches en vela ha compartido conmigo. Las enfermedades de los hijos, los sinsabores de la vida, los quebraderos de cabeza en el trabajo, las terribles despedidas... ese es mi Cristo de la Salud. El que en las penas, siempre estuvo conmigo.

Y en las alegrías... en las alegrías, ha estado ella.

De lo poquito que queda
de lo que había en mi barrio,
es la Virgen del Refugio
lo mejor de San Bernardo.
Siempre con cara de niña,
aunque pasen muchos años.
Siempre velando por todos,
los que están, los que marcharon.
Portaceli, Campamento,
Calle Ancha, Gallinato.
En cada esquina tu cara,
un barrio bajo tu manto.
El barrio de los toreros,
artilleros, ferroviarios,
y de paseo por Sevilla,
al sol del Miércoles Santo.
Por la Sevilla más bella
a la que añade su encanto
de pena y nácar mi Virgen,
de grana y oro su palio.
Lleva dos mil nazarenos
venidos de todos lados
hasta su barrio hoy desierto
que de vida y fe colmaron.

Son los hijos de sus hijos,
de aquellos que se alejaron,
que no olvidan a su Virgen
y caminan de su mano
orgullosos de su estirpe;
hábito negro y morado.
De llevar siempre encendido
en la mano un cirio blanco.
A todos ella protege
y cobija en su regazo.
Es mi Virgen, siempre niña,
aunque pasen muchos años.
El Refugio de María,
lo mejor de San Bernardo.

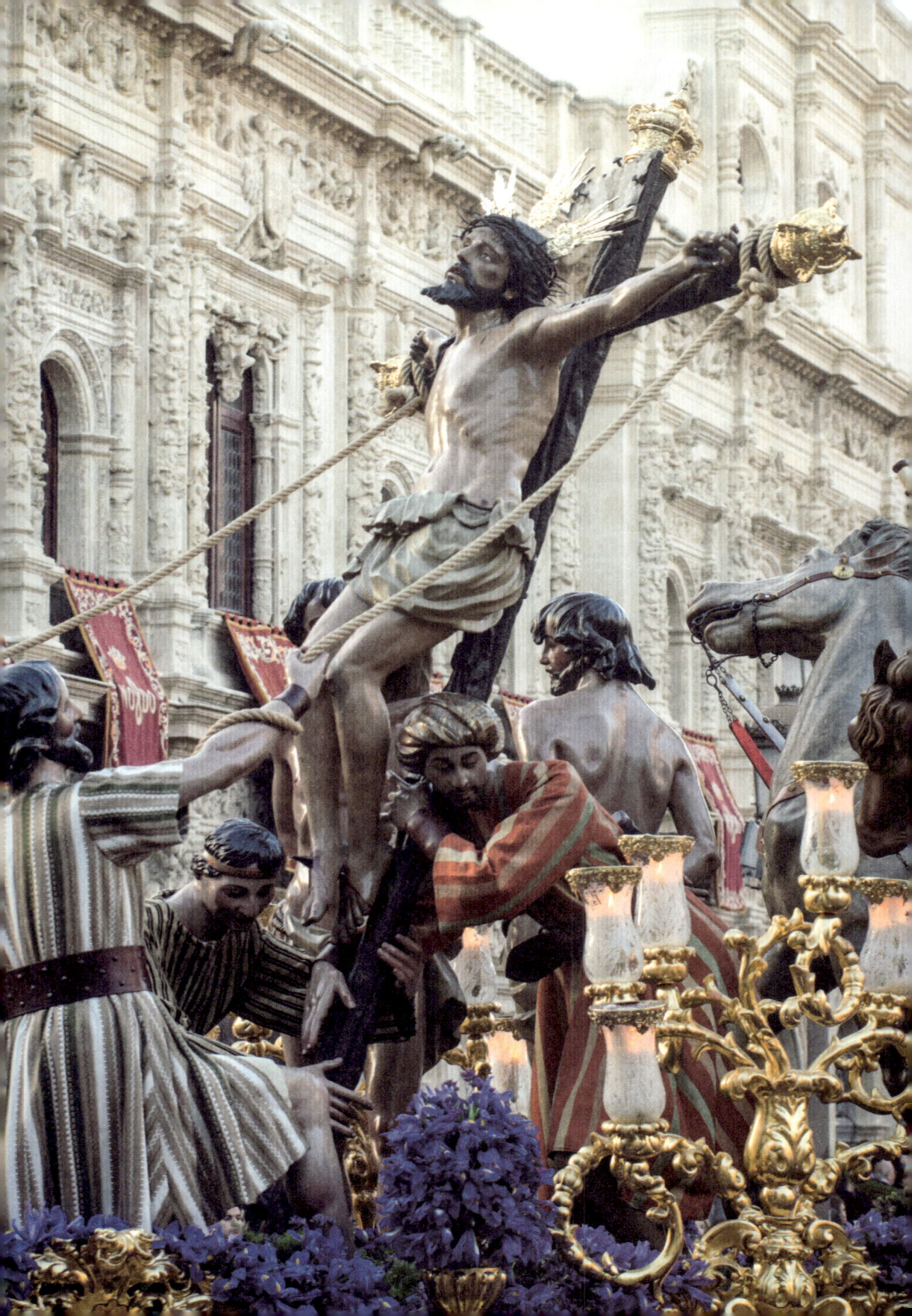

CONCHITA

Una tarde de Jueves Santo, junto a la iglesia de Santa Catalina, mientras veía pasar a los Armaos, que iban en su ronda camino del Ateneo, pegué el oído y escuché una conversación entre dos de los gastadores que abrían la marcha. Hablaron en latín macarrónico, su lengua vernácula; lengua que, como todos ustedes saben, yo domino a la perfección. Así que pude entender que uno le dijo al otro algo que se podría traducir de este modo:

—Quillo, a ver si un año de estos, en vez de al Ateneo, vamos de visita al Tremendo.

Ya que ellos no iban a poder, decidí hacer yo esa visita en su lugar. Y estando en El Tremendo, donde Mari nos atendió tan bien como siempre, mi hijo Ignacio, que entonces era muy pequeño pero ya se fijaba en todo con bastante perspicacia, reparó en el nombre que lleva la calle donde está el famoso establecimiento. Y me preguntó: «Papá. ¿El almirante Apodaca era japonés?».

Yo tendría más o menos la edad que él tenía entonces cuando, hace ya muchos años, pasaba por esa misma calle del Almirante Apodaca, que por cierto no era japonés sino de Cádiz, como el Yuyu, a bordo de uno de esos autobuses a los que entonces llamábamos en Sevilla Er Pegaso. Autobuses de una firma que tomó como marca el nombre del caballo blanco alado de la mitología griega; aunque yo de niño creía que era al revés, que el caballo se llamaba como los autobuses de Sevilla.

En aquel Pegaso, yo solía venir una vez por semana al centro acompañando a mi vecina Conchita para visitar a su anciana madre, que vivía en la calle Gallos, junto a la Puerta Osario. Al niño que yo era entonces le llamaba mucho la atención que Conchita le hablara a su madre de usted. Hacer esas visitas era para mí como viajar en el tiempo.

Los dos vivíamos en una de aquellas barriadas periféricas a las que se tuvieron que ir muchos vecinos del centro, donde, sin embargo, se mantenían las formas de vida de antaño y las relaciones entre los vecinos eran casi de familia. Yo pasaba muchas horas en casa de Conchita, que conoció de niña la

Exposición del 29 y, ya de mocita, la República y la guerra, pero casi nunca me hablaba de eso. Ella prefería contarme historias de la Semana Santa. De una Semana Santa popular, de la calle, protagonizada por una ciudad y unas gentes con las que años después me reencontraría en los textos de Antonio Núñez de Herrera, el Borges de la literatura cofradiera. En los relatos de Conchita se entrecruzaban la historia y la leyenda; la realidad y la ficción, sin que faltara una mijita de guasa.

«Fíjate que er Pilato de San Benito, na má salir de su iglesia, entra a tomarse un tinto en el bar que hay en frente. Y en la Canina, que cada vez que el paso dobla una esquina, se cambia la guadaña de mano».

Lo del Pilato comprobé que casi era cierto cuando descubrí una foto antigua en la que se veía que frente a la puerta de la iglesia de San Benito hubo una taberna, ante cuya puerta se paraba, a escasos centímetros, el gobernador de Judea. Y hasta daba la impresión de que hacía por entrar. Pilato, qué personaje. Morales Padrón fantaseó con la posibilidad de que hubiera sido sevillano; de que naciera en Itálica, a cuenta de una inscripción aparecida en el anfiteatro. Es curioso lo bien que cayó aquí siempre Pilato, sobre todo el de la Calzá. Al que Núñez de Herrera cuenta que la gente ya vitoreaba pocos años después de que empezara a salir. La Hermandad, no obstante, le daba por aquel entonces un trato más acorde a su papel cobardón en la Pasión de Cristo, encerrándolo durante la mayor parte del año en un pequeño almacén que había bajo el antiguo puente. Un puente que, en la memoria de mi generación, seguirá siempre esperando a los verdaderos protagonistas de la Hermandad, el Señor Presentado al Pueblo, el Cristo de la Sangre y la palomita trianera de la Encarnación.

Con lo de la Canina sí me llevé una decepción. Eso de que no se cambiara la guadaña de mano. «¡Cuidao la Canina! —decía Conchita—, anda que no da miedo ni ná». Yo creo que Conchita gastaba esas bromas para ahuyentar sus fantasmas, porque le tenía verdadera jindama a todo lo relacionado con la muerte. A Conchita no se le habría ocurrido en la vida irse a vivir del hotel Macarena pa'llá. Enseguía. A un tiro de piedra de los cipreses de San Fernando. La Canina, a pesar de que representa la derrota de la muerte, probablemente a muchos provoque lo mismo. De ahí las curiosas reacciones de algunas personas, que no quieren ni mirarla cuando se topan con ella en la calle. De ahí, quizá, también lo poquito que se habla de ella en los pregones.

> Tan modosita y callada,
> quieta, grave y circunspecta,
> pareces hasta educada,
> un primor, pluscuamperfecta.

Pero eres suavona y sueles
en el fondo ser malvada.
Niña de huesos, te duele
que seas la gran derrotada,
cuando asomas en tu paso
te retiran la mirada.
Sí, lo sé, no semos nada
y tú llegando al Ocaso
el alma hiere el traspaso
de tu afilada guadaña,
la mejor que hay en España
por aguda y astifina.
Tu bajío nos fulmina
mas... te llevamos muy dentro.
Ven y sal a nuestro encuentro,
no nos das miedo, Canina.

Tardé mucho tiempo en darme cuenta de lo importantes que fueron para mí las cosas que me contaba Conchita. En ellas se plasmaba la relación especial que el pueblo de Sevilla tiene con sus imágenes sagradas; una relación que va mucho más allá de la veneración. Como aquella hermana de la Estrella que entró un día de agosto en la capilla y, viendo que la Virgen estaba vestida con ropas de terciopelo, empezó a protestar por el calor que la pobre tendría que estar pasando.

O lo que Manolo Toro, aquel gran cofrade, decía de su Virgen de las Aguas: que tiene la cara tan redondita que se le puede dar un pellizquito en la mejilla. Qué hermosa es la Virgen de las Aguas. Conchita también me habló de ella, de esa Virgen tan bonita que en vez de estar en una iglesia la tienen en un museo.

Conchita y su marido, Paco, nos esperaban cada Miércoles Santo en la esquina de la calle Candilejo, donde veían pasar San Bernardo. Aunque en realidad venían a vernos a mi hermano Francis y a mí; a decirnos lo guapos que estábamos vestidos de nazareno. Sí, porque los niños sevillanos están guapos vestidos de nazarenos. Los niños y las niñas también.

Un día, Conchita apareció sola en la esquina. Paco ya no estaba junto a ella. Y llegó también un Miércoles Santo en el que tampoco estuvo ella.

Todavía hoy, al cabo de tantos años, cada vez que paso por la calle Candilejo con mi túnica de San Bernardo no puedo evitar buscarla entre la gente. No la veo, pero sé que está allí, que ha vuelto para verme desde el lugar donde está ahora a lomos de un caballo blanco alado.

Todos hemos tenido alguien como Conchita. Alguien que nos enseñó a conocer y amar la Semana Santa y, a través de la Semana Santa, a Sevilla. Y todos tenemos también una esquina dolorosamente vacía; una esquina donde se despeña el abismo del tiempo. Donde la memoria nos hiere, pero donde al mismo tiempo habita la esperanza. Porque esas esquinas vacías son también la promesa de un futuro reencuentro que llegará cuando termine de pasar la última cofradía.

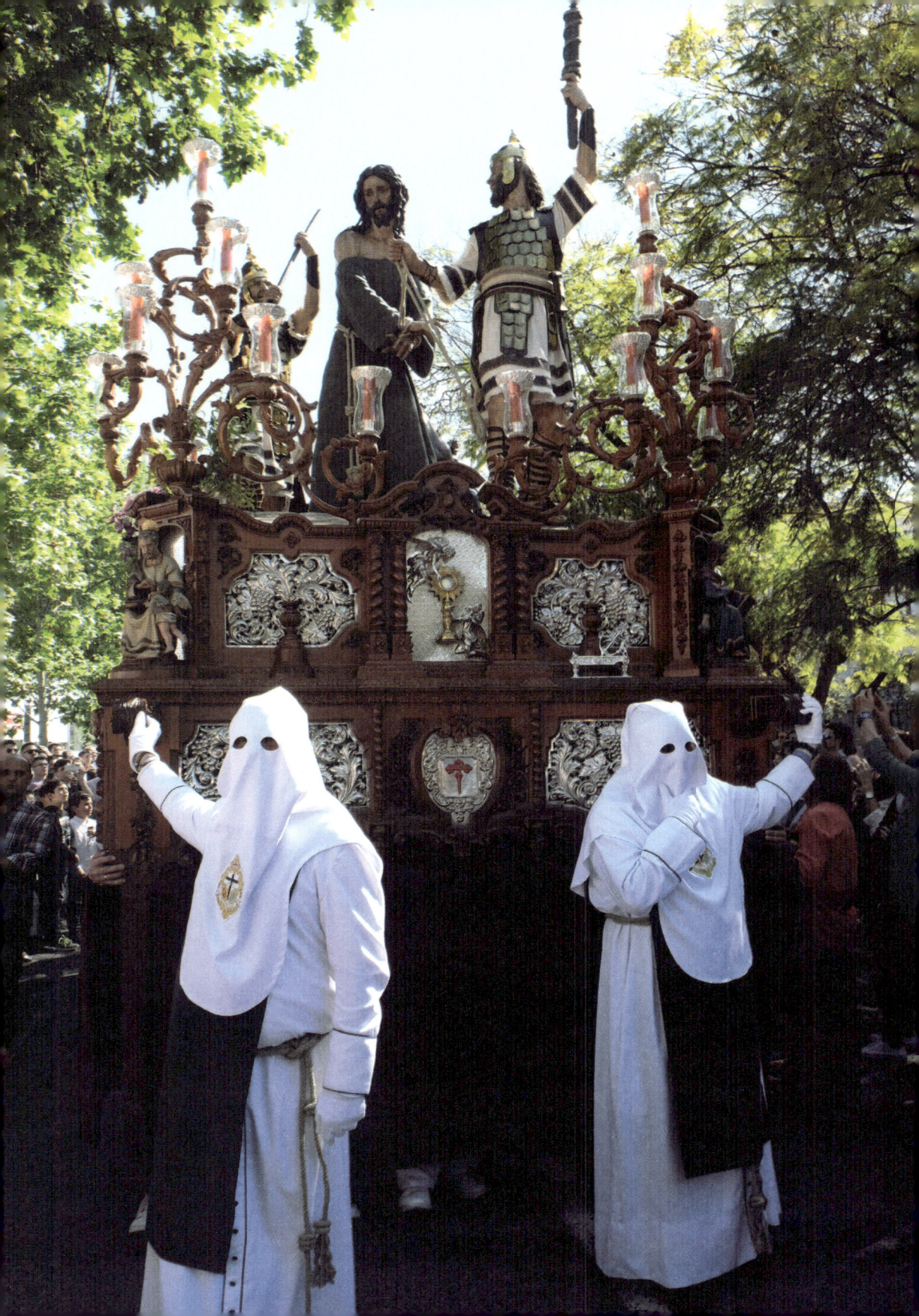

VÍSPERAS

La Semana Santa que de niños conocimos y guardamos en la memoria será la que nos acompañe durante toda la vida. Nuestra Semana Santa. Una Semana Santa que será diferente a la que iremos viendo evolucionar conforme nos vayamos haciendo mayores. A veces, no lo entenderemos, pero es necesario que así sea. La Semana Santa debe evolucionar. Está en su esencia. Si no lo hiciera, si no lo hubiera hecho, quizá ni siquiera habríamos conocido aquella Semana Santa que guardamos en nuestro corazón cuando éramos niños.

Los más viejos del lugar recordamos con nostalgia los Viernes de Dolores de nuestra infancia, en los que nada más salir del colegio, con las vacaciones de Semana Santa recién estrenadas, corríamos a la Gran Plaza para ver la cofradía de la Sed, que era entonces un hermoso preludio de nuestra Semana Mayor. Un acontecimiento al que los sevillanos acudían en masa. Pero no lo tuvo fácil. Muchos se opusieron a que saliera ese día, a que lo hiciera por su barrio; a que sus nazarenos no llevaran el macho bajo el antifaz... en definitiva, a que existiera. Pero Sevilla, sabia como siempre, sí la aceptó. Por eso hoy, quienes éramos niños entonces, recordamos con nostalgia aquellos Viernes de Dolores.

Se da, sin embargo, la triste paradoja de que algunos de los que hoy comparten esa nostalgia no terminen de aceptar la existencia de las nuevas hermandades de vísperas, que son ya diez. La historia, sin embargo, se repite y de nuevo Sevilla vuelve a poner las cosas en su sitio, dando el lugar que merecen a unas corporaciones que son lo más importante que ha ocurrido en nuestra Semana Santa en el último cuarto de siglo. Basta ver cómo se ponen de gente esos barrios, algunos de los cuales se evitan durante el resto del año, los días que salen sus cofradías. La SE-30 se convierte el Viernes de Dolores y el Sábado de Pasión en la Ronda de Cíngulovalación de Sevilla; una ancha calle que nos lleva desde el Pino Montano del Señor de Nazaret y la Virgen del Amor a la Bellavista del Dulce Nombre; desde la Misión de Heliópolis a la Triana de Pasión y Muerte; desde la Salud y Clemencia de Padre Pío a los Dolores de Torreblanca; desde el Divino Perdón del Parque Alcosa a la Milagrosa de Ciudad Jardín y el Señor de la Caridad de San José Obrero. Que la cofradía del centro, la de la Corona, sea la excepción a la regla de los barrios en las vísperas lo dice todo de la razón de ser y lo que han supuesto estas hermandades.

Quien os habla conoce bien la Semana Santa de los barrios sin Semana Santa. ¿Os acordáis de aquello de Sevilla sin sevillanos? Pues nosotros éramos sevillanos sin Sevilla. A kilómetros del incienso y la tradición; del rito de la parihuela en el templo; de los chavales limpiando plata en la casa de hermandad. Lejos en la distancia, lejos en el vínculo y lejos, en definitiva, en el sentimiento.

Las cofradías de víspera vinieron a reparar ese injusto desarraigo de tantos sevillanos, que, ahora sí, tienen a Sevilla, a la Sevilla más honda, a la de la tradición y la fe, en sus barrios, al lado de sus casas.

Benditas sean, por eso, las cofradías de vísperas, que vinieron para recuperar a tantos hijos pródigos de Sevilla; hijos pródigos, que lo eran no porque hubieran abandonado su casa, sino porque nunca los habían dejado entrar en ella.

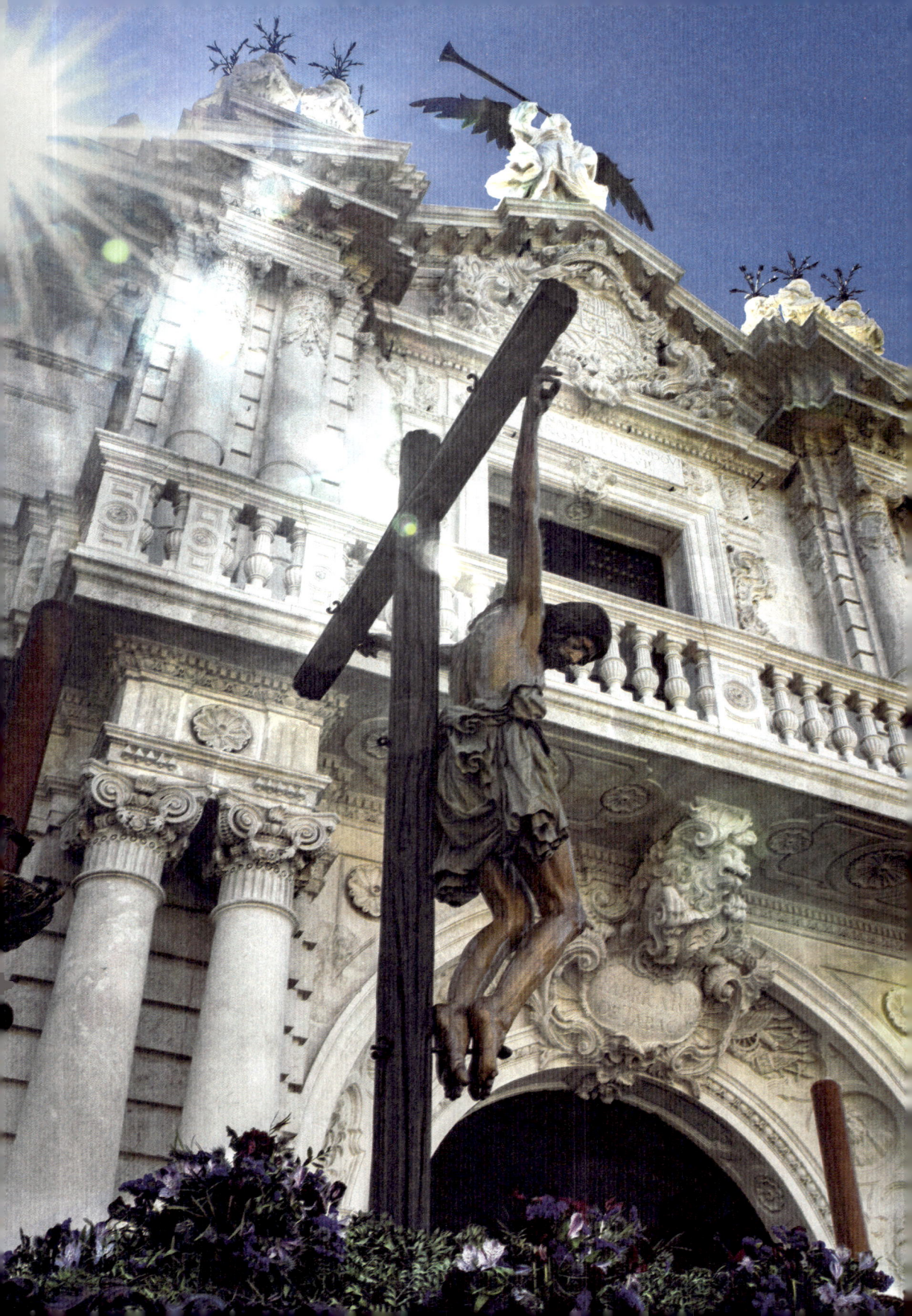

ATEO Y CAPILLITA

Todos los pregoneros de la Semana Santa acumulamos una buena ristra de anécdotas. En mi caso, la primera no se hizo esperar. Nada más comunicárseme la honrosa designación para este cometido, me convocaron de inmediato en el Consejo de Cofradías y tuve que coger un taxi para llegar a tiempo.

El taxista que me llevaba preguntó:

—¿Dónde va?

—A la Puerta de Jerez, al Consejo de Cofradías.

—¿Ha pasado algo? —El hombre, por lo visto, era curioso.

—Bueno, que han elegido al pregonero de la Semana Santa.

—¿Ah sí? ¿Y quién es?

—Pues yo.

—Hombre, me alegro. ¿Ha elegido ya la marcha?

¿Lo ven? Era curioso. Y además, hablador.

—Verá —me dijo—. Yo soy ateo, pero me gustan las cofradías una jartá. En realidad, soy más que ateo. Soy apóstata, pero muero con la Semana Santa.

Quien no conozca Sevilla seguramente se extrañará de que estas cosas pasen, pero pasan y aquí lo sabemos bien. A los sevillanos, como en general a los andaluces, no nos extraña, porque nuestra Semana Santa tiene una carga cultural y sentimental tan enorme que permite a gente que no cree en Dios disfrutar de ella, incluso participar en ella.

Hay a quien preocupa que este hecho pueda cuestionar el fundamento religioso de la Semana Santa, pero a mi juicio es al revés; yo creo que al que más remueve sus creencias es a quien, como nuestro amigo el taxista, dice no creer en nada. A los que piensan que la formación del universo, la complejidad de las células o el establecimiento de las leyes de la termodinámica son obra del azar; de una bonoloto cósmica; de la casualidad. Mucha casualidad, ¿no?

Yo estoy seguro de que a nuestro amigo el taxista le tiene que generar serias dudas sobre su fe en la nada ver la Virgen de la Victoria una tarde de Jueves Santo; tanta belleza no puede haber sido obra de la casualidad. O la dulce expresión del Señor de Pasión, ante el cual nos sentimos en presencia de algo que es mucho más que un portento de la imaginería; como lo vio el pregonero una mañana de enero al bajar de su altar para ser puesto en besamanos. Una visión que nunca podrá olvidar porque era el mismo rostro del Dios en el que él sí cree. O el conmovedor estertor del Cristo del Descendimiento de la Quinta Angustia y, más aun, la mirada de su madre, tan atravesada por el dolor que ya ni puede llorar. O la Virgen del Valle, como surgida en su paso de palio desde otro tiempo, desde otra dimensión. O el misterio de la Carretería, que el Viernes Santo nos hace sentir el frío de estar ante el abismo, cuando Dios guarda un silencio definitivo y letal. O en la mirada que eleva al cielo su madre de la Soledad de San Buenaventura, buscando sin hallar consuelo a su dolor.

Sí, nuestro amigo el taxista, tarde o temprano, se dará cuenta de que se está perdiendo lo mejor; que nada en la Semana Santa tiene verdadero sentido si se le extrae su razón de ser espiritual. Una Semana Santa sin Dios es una performance vacía, un cuerpo sin vida; un carnaval absurdo.

Pero, no nos engañemos, hay mucha gente que no cree en Dios. Cada vez más, porque es la corriente dominante en el pensamiento actual. A veces parece que declararse creyente sitúa a quien lo hace en una posición de inferioridad intelectual. Y no debería ser así, porque, si uno lo piensa bien, para explicar el misterio de la existencia de todo lo que nos rodea y de nosotros mismos, la opción de Dios concilia mejor con la razón que la de la puñetera casualidad. Pero sí, en los tiempos que corren, para creer en Él, al menos para reconocerlo, hay que tener algo de personalidad. Cofrades de Sevilla: Tened esa personalidad. No lo neguéis como Pedro. No sois menos que nadie. Decidlo abiertamente. Sin complejos. Sí, creo en Dios. ¿Qué pasa?

Claro que a veces no puede uno evitar preguntarse si a esa visión de la Semana Santa, vacía y sin sentido, contribuyen más los descreídos que se acercan a ella desde la admiración y el respeto, como aquel taxista, o quienes, desde dentro, la frivolizan y empequeñecen haciendo que ciertos detalles, importantes pero secundarios, eclipsen lo que de verdad importa. Que no es el atavío de las imágenes, el andar de los pasos, el sonar de las marchas, el exorno de las andas, el puesto en la nómina o los minutos en la Campana. Cuidado porque todo eso a quien puede acabar generando la duda es al que todavía cree que no es la casualidad lo que hace florecer el azahar cada primavera; sino uno de esos pequeños milagros con los que Dios apela a nuestra razón, para hacernos comprender que nada es fruto del azar, que Él es la causa última y primera; que existe; es real y todos los viernes del año nos espera en la plaza de San Lorenzo.

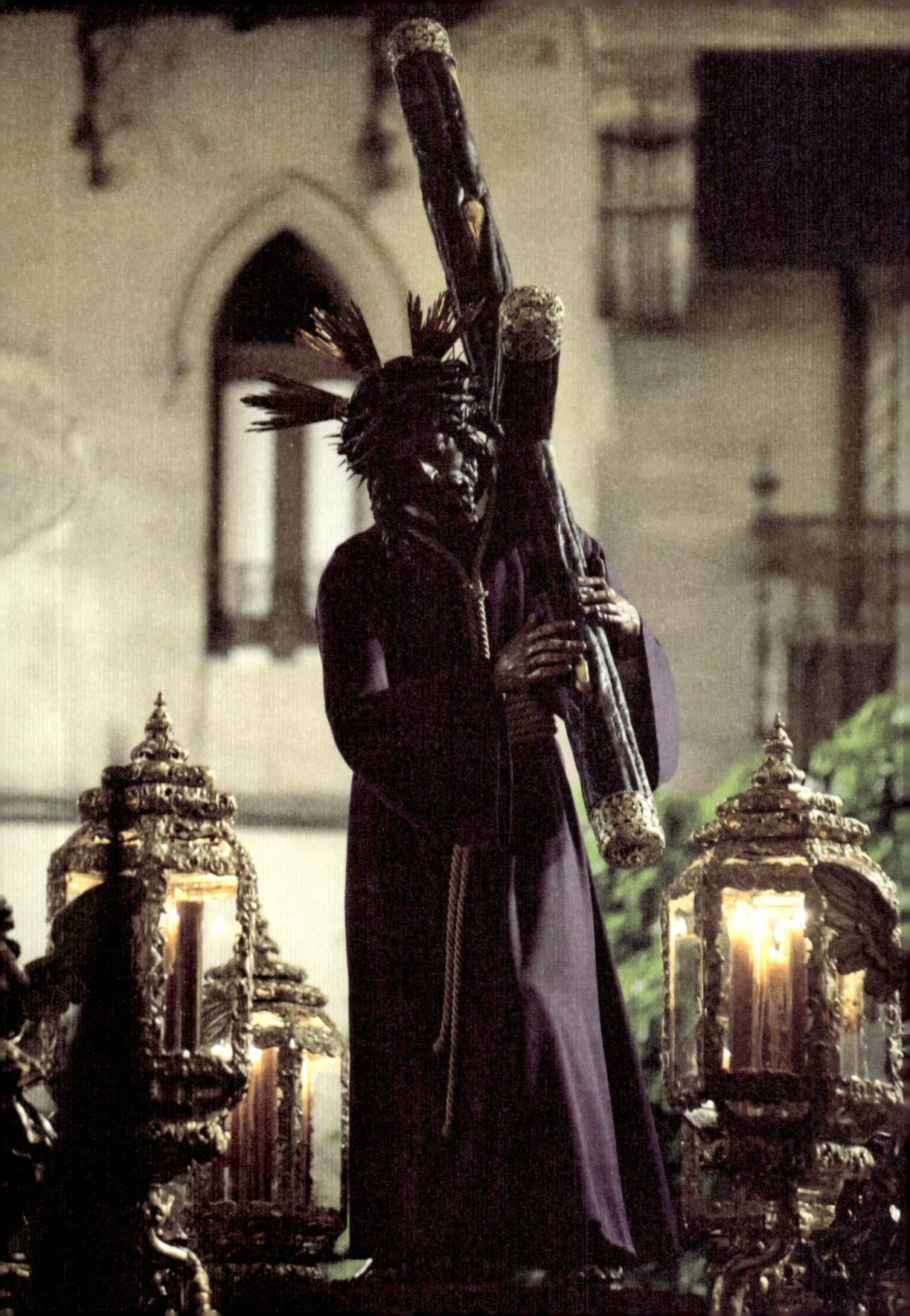

GRAN PODER

Pasado mañana se cumplirán ochenta años del Pregón de Semana Santa de Joaquín Romero Murube. Un precedente ante el que resulta una osadía subir a este atril. Y también un honor inmenso. Romero Murube fue el poeta más fino que cantó a Sevilla. El hombre que, con Juan Ramón y Cernuda, nos dejó las palabras más hermosas que se dedicaron nunca a nuestra ciudad.

«Por esa vira de oro de la tarde de marzo viene Jesús Nazareno»; así nos habló de la luz que en estos días de hermosa espera predispone el alma y orienta el corazón para vivir una nueva Semana Santa.

Esa luz de marzo es la misma que anunciaba a Enrique Esquivias Franco la inminencia de los días mejores. La misma luz, acaso, que hace tres mil años orientó hasta aquí a aquellos fenicios que fundaron una ciudad que todavía lleva el nombre que ellos le pusieron: Sevilla.

Sevilla es como se pronuncia, tres mil años después, la palabra que usaron para llamarla: Spal. Un nombre cuyo significado no se pudo averiguar hasta hace muy poco. Cuando me lo revelaron, un escalofrío me recorrió de arriba abajo.

En la palabra Spal se hallaron dos raíces distintas. La primera hacía referencia a la cercanía del agua: seguramente a una orilla. De la segunda raíz no había duda. Su significado era Dios. O, más exactamente, la forma en que los fenicios se dirigían a Dios: Señor. En consecuencia, el nombre de Spal, y por tanto de Sevilla, quería y quiere decir: «La Orilla del Señor».

Qué nombre más bien puesto le pusieron a Sevilla quienes la fundaron. Y qué bien lo comprendemos los sevillanos tres mil años después.

Sevilla es la Orilla del Señor.

Esa orilla está en San Lorenzo y a ella nos acercamos cada viernes buscando el agua bendita de la salvación, del perdón, del consuelo. El agua que conforta nuestro espíritu contemplando al Señor cuando en la Madrugada sale a nuestro encuentro. Porque el Señor nos busca; como un padre busca a su hijo perdido en medio de la tribulación, la sombra y la duda para confortarlo con la caricia de su mirada. El Señor viene hasta nosotros; se nos aparece en cualquier esquina del espacio o del tiempo. En el lugar más insospechado y remoto. A mí se me apareció un día escuchando la radio, oyendo una canción de los Pretenders. Nunca había reparado en la letra de aquella vieja canción, pero no sé por qué ese día lo hice y no pude evitar que la imagen del Señor viniera a mi mente al oír unos versos que decían:

¿Por qué estás triste?
Hay lágrimas en tus ojos.
Ven conmigo. No te avergüences de llorar.
Nada que me confieses hará que yo deje de amarte.
Cuando estés en una encrucijada sin saber qué camino tomar, deja que me acerque a ti.
Porque incluso aunque estés equivocado, yo seguiré a tu lado y no permitiré que nadie te haga daño.

El Señor está donde menos se le espera. Hasta en una canción de los Pretenders. Él llega hasta nosotros como las olas a la orilla. Nos busca. Acude siempre. Nos llama por nuestro nombre, tiende hacia nosotros su mano y nos ofrece el gran poder de su infinita misericordia. Así lo hizo cuando fue a los Pajaritos. De aquella misión quedaron muchas estampas, muchos recuerdos. Seguro que os acordáis. Yo llevo uno de ellos grabado en el alma.

Fue cuando el Señor se marchaba. Al llegar a la confluencia de la avenida Federico Mayo con la calle Marqués de Píckman, justo en el lugar donde estuvo el puente sobre el Tamarguillo, el Señor se volvió para despedirse. Frente a él, otra vez, los tendederos de los bloques de Federico Mayo, la calle donde vivía mi abuela. Y fue como si en el cielo de Sevilla retumbaran entonces las últimas palabras de Jesucristo en el Evangelio de San Mateo; palabras con las que el Gran Poder se despedía de aquellos barrios humildes y castigados, haciéndoles una promesa.

«Yo estaré con vosotros todos los días, hasta la consumación del mundo».

Sevilla es... la orilla del Señor. Y el agua de esa orilla sacia la sed de amor, lava la mancha del pecado, ahoga las penas e inunda de esperanza el corazón.

La culpa, el pecado, el llanto,
las penas que el alma siente,
las cruces del penitente,
del corazón, el quebranto.

A todos ampara el manto
de su bendita mirada.
Cuando ya no esperes nada,
cuando te toque perder,
cuando mañana sea ayer,
siempre encontrarás su mano.
Gloria al Dios más sevillano
aunque en Belén fue a nacer.

Eres el brazo que salva,
la mirada compasiva,
la llama de fuego viva
que la noche troca en alba.
Eres un resplandor malva
que el alma enferma ilumina,
y en el corazón, la espina
no vuelve más a doler.
A todo el que te acude a ver,
una luz dentro le brilla.
Qué suerte tiene Sevilla
con tenerte, Gran Poder.

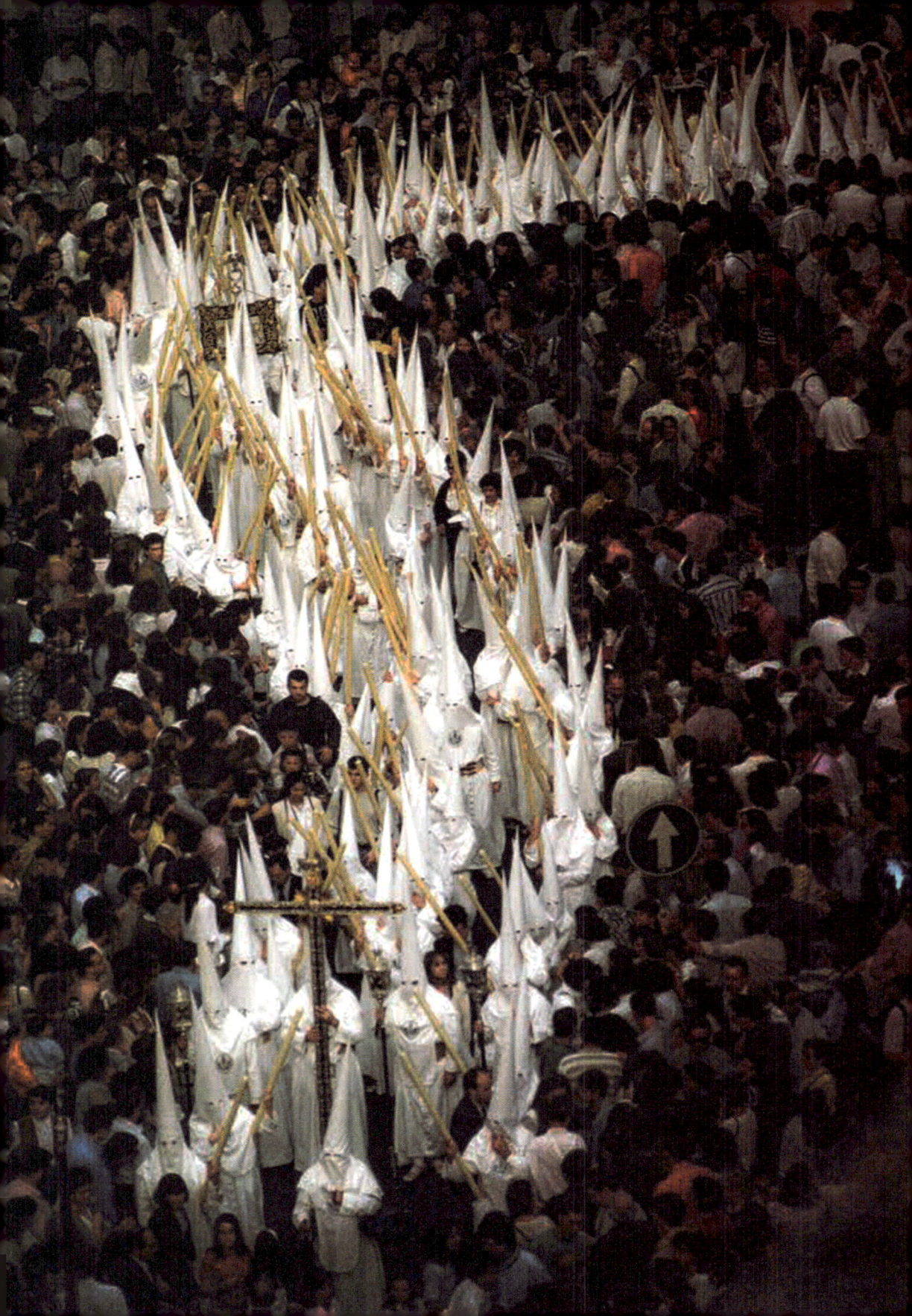

PRISMA PURO DE SEVILLA

Todos los sevillanos guardamos en la memoria el recuerdo de una Semana Santa en la que dijimos adiós a la infancia. Para ti, chaval, muchacha que me escuchas, esa Semana Santa que llevarás para siempre en el corazón será esta Semana Santa.

Te aseguro que nunca olvidarás esa calle desconocida de Sevilla que descubrirás la semana que viene cuando te encamines por los recovecos del Pozo Santo para ver salir La Lanzada o entrar Santa Marta; o busques por Alfonso XII Las Penas cuando vaya de regreso. Ni la emoción que te harán sentir la cofradía del Cristo de Burgos bajando por Sales y Ferré cuatro siglos y medio después; la Sagrada Mortaja, envuelta en el lánguido silencio de la calle Francos o los pasos de la Exaltación, subiendo poderosos la Cuesta del Rosario. Como tampoco olvidarás a los amigos que te acompañarán el Martes Santo, cuando veas en la plaza de la Alianza el Cristo de las

Misericordias, reflejándose en el agua de la fuente mejor afinada de Sevilla.

Algún día, en medio otra vez de la muchedumbre que en el Salvador esperará la cofradía del Prendimiento, revivirás la sensación que te hará sentir tomar a esa persona de la mano para no perderos en la confusión de la bulla; una persona que puede que se convierta en alguien especial para ti; y que, pase lo que pase, lo será ya para siempre.

Debes apurar todo esto que vas a vivir; el tiempo que ahora tienes, porque luego te dolerá que se haya ido sin darte cuenta. Te dolerá que el abuelo ya no venga a traerte agua en tu tramo del Señor Cautivo del Tiro de Línea; te dolerá que al salir para ver las de Madrugá —como harás este año por vez primera solo con tus amigos— ya no oigas las voces de tus padres diciéndote: «ten cuidado, hijo». Te dolerá no volver a ver la Semana Santa con los ojos del niño que fuiste, del chaval, la muchacha, que ahora eres.

Tendrás que aprender también que Sevilla es más compleja de lo que dicen sus tópicos. Sevilla no es, simplemente, esa ciudad dual donde hay que elegir, forzosamente, entre esto o aquello. Sevilla es mucho más rica; es poliédrica, múltiple, diversa, heterogénea, heterodoxa, inabarcable, inacabable...

Así la invoca Gerardo Diego al definir su torre mayor: «Giralda en prisma puro de Sevilla». Un prisma de innumerables aristas y colores que se manifiesta con elocuente evidencia en la riqueza y variedad de nuestras cofradías.

La Semana Santa brilla en los barrios populares al son centenario de Pasan los Campanilleros.

Reluce el Martes por la mañana en el Cerro, donde una rara felicidad compartida flota en el ambiente. Y reluce más aún cuando sale la Virgen de los Dolores y Guillén ordena volver el paso, Afán de Ribera arriba, para que su Patrona se despida del barrio hasta la noche, mirándose en los espejos de las lágrimas de sus devotas.

Brilla el Sábado Santo en la Trinidad cuando sale la última Esperanza, que es también la última alegría de la Semana Santa de Sevilla. Y en el Barrio León, del que San Gonzalo trae cada Lunes Santo todo el azahar de sus naranjos vestido de nazareno.

Ese brillo se torna solemne y quedo en la tarde del Viernes Santo, cuando los arreboles que en el ocaso coronan el cerro de Santa Brígida parecen descender desde el Aljarafe hasta la calle Castilla para confundirse en el cortejo de la Hermandad de La O. Y se hará mística penumbra en la Madrugada cuando

El Silencio cruce la ciudad que, sosegada y en calma, se estremece ante la mirada perdida de Jesús Nazareno, mientras los azahares, como en los versos de Villalón, tiemblan entre la plata del palio, envolviendo con la poesía de su aroma a la Virgen Sin Pecado Concebida.

Un silencio que atruena en el amanecer de la calle Zaragoza al paso de la Hermandad del Calvario y sobre el que se escribe la lección centenaria que cada Martes Santo el Cristo de la Buena Muerte imparte en las calles de Sevilla, aunando fe y razón. Un silencio que nos remueve en el transitar melancólico y definitivo de San Isidoro, cuando se empieza a abrir la herida de una Semana Santa que se acaba; herida por la que sangrará a chorros la nostalgia cuando el Sábado nuestras manos toquen, como aferrándose al instante, las puertas de San Lorenzo, que se habrán acabado de cerrar tras el paso de la Soledad.

La luz que filtra el prisma sevillano irradia elegancia en los Servitas y humildad en el Carmen; historia y solera en Montserrat por Molviedro y los Negritos en la plaza de Pilatos; pero también presente ilusionado en el Sol del Plantinar. Y es paradoja en la tristeza que la ciudad desprende en el alegre Domingo de Resurrección, cuando en Santa Marina comprendemos que en ese misterio supremo descansa la razón de nuestra fe; que es lo que verdaderamente justifica este pregón y todo lo que en él se anuncia. No os sintáis tristes cuando lo veáis campear ante la muerte, porque está proclamando la víspera de la próxima Semana Santa.

En el prisma sevillano también se refleja la diversa realidad de los barrios del centro, depósito y consecuencia de la milenaria historia de la ciudad. El señorial San Vicente, en cuyas nobles fachadas resuena el eco de las Siete Palabras y vaga la sombra de la Vera-Cruz. O el popular San Nicolás de la blanca Candelaria; la cofradía de Antonio y Candela. Antonio, que se murió sin haber cumplido los sesenta, demasiado pronto, pero se fue dejando a su familia lo más grande que tenía: su devoción a la Virgen. Por eso, la hija de su nieta Carmen se llama Candela; una niña que es la llama viva de la devoción. La llama de aquel cirio encendido del nazareno del último tramo de la Candelaria, que sigue ardiendo en la memoria y el corazón de su gente.

No hay dos Sevillas. Hay muchas Sevillas. Tantas como sevillanos. Y de ellas son el alma sus hermandades. Cuánto bien le hacen acercándola a Dios con sus ritos solemnes, con sus tradiciones, con su generosa entrega a los demás.

Pero hay que decir que no siempre fueron valoradas con justicia. Antes se hablaba de la fe del carbonero; luego, con algo más de comprensión, de la religiosidad popular. Y ahora, por fin, parece haberse entendido su necesidad y aquilatado su valor. Sevilla es afortunada teniendo a sus hermandades. La Iglesia de Sevilla también lo es. Y por ende, hasta la de Roma. El erial espiritual que se ve en otros sitios no se da aquí. Y nadie puede negar la salvaguarda que para ello representa la religiosidad popular, es decir, las hermandades. La expresión Piedad Popular ha venido a reconocer el patrimonio espiritual que constituyen. A la piedad popular se va a dedicar este año un importante congreso, que tendrá como colofón una procesión extraordinaria, que lo será en el sentido más literal que se haya usado nunca. Saldrá bien. En Sevilla, estas cosas siempre salen bien.

Es bueno, sí, que ese reconocimiento haya llegado al fin a lo que representan nuestras hermandades para la Piedad Popular; ahora bien, en Sevilla...

No hay Piedad más popular
que la de la calle Adriano,
la que a Dios lleva en sus manos,
la del azul singular.
No puede disimular
que es apenas una niña.

En torno a Ella se apiña
el barrio del Baratillo,
que de oro le hizo un anillo
como señal de alabanza,
la Plaza de la Maestranza,
a la que un faraón dio brillo.
El Cielo es estar contigo
y en el Arco del Postigo
quiero ser tu costalero,
sentir tu aliento en mi frente,
tenerte siempre presente,
hacer tu pan con mi trigo.
Yo sé que Sevilla entera
muere por ti, te venera,
y a tu gracia le pregona:
Ten de amor esta corona,
mi Piedad baratillera.

Cofrades de Sevilla: sentíos orgullosos de lo que sois, de lo que aportáis a la ciudad, de lo que hacéis para mejorar la vida de vuestro prójimo. Estad convencidos de que Sevilla no sería nunca Sevilla si no tuviera a sus hermandades y cofradías; que es lo mismo que decir a Cristo y a su Bendita Madre la Virgen María.

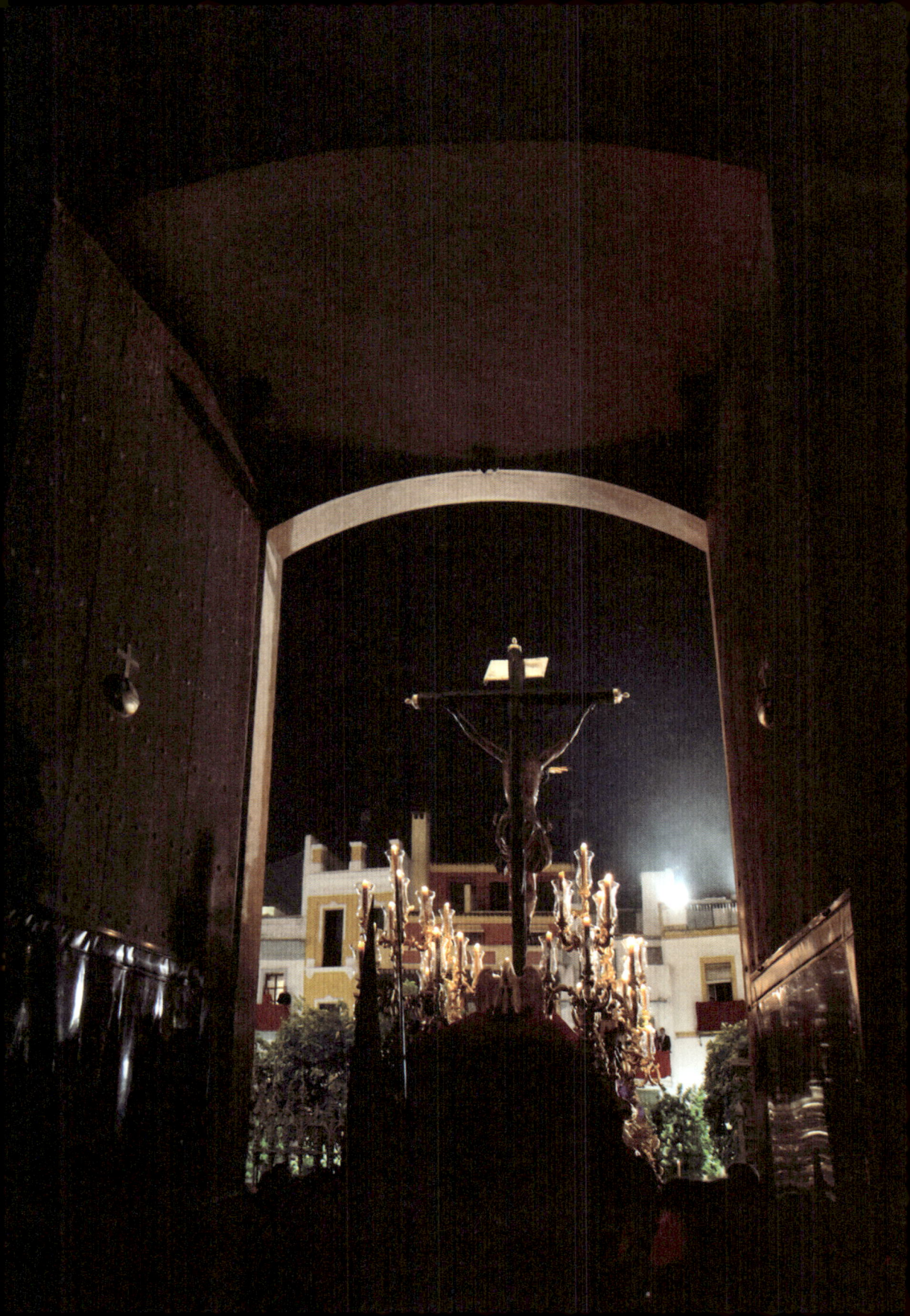

CRISTO DEL AMOR

El Hijo de Dios vino al mundo hace dos mil años para cambiar el rumbo de la Historia. A partir de Jesucristo, la humanidad superó la superstición y el mito. Dios ya no fue un ser terrible y vengativo; guerrero y promiscuo; ya no fue el innombrable. Jesús nos dijo que Dios es Amor y nos enseñó a llamarlo por su nombre: Padre.

Unos meses antes de que naciera Raúl, mi segundo hijo, me estuvo atormentando la idea de tener que dividir el amor de padre entre él y su hermano mayor. De no poder seguir queriendo igual al primero porque debía dar parte al segundo y de no poder querer al segundo tanto como había querido al primero.

De estas ofuscadas disquisiciones me rescató mi entrañable compañero de Canal Sur Radio Pachi Gutiérrez. Pachi, que tenía dos hijas, me dijo:

«No te preocupes. Dentro de ti hay amor de sobra para querer igual al hijo que ya tienes, al que vas a tener y a todos los que te vengan».

Y así ha sido. Nuestra capacidad para amar es infinita.

Cuando nació Raúl, antes de bautizarlo ante la Virgen de los Dolores del Cerro —entonces se podía—, lo hice hermano de San Bernardo y el Amor, donde fueron sus padrinos Pepín Álvarez y Luis León, quien quiso además que aquella misma Semana Santa el niño diera la primera levantá del paso de la Sagrada Entrada.

Tendría dos meses cuando lo hizo, y fue tal el susto que se llevó al ver levantarse el paso, que se le quitaron las ganas de salir de nazareno para una buena temporada.

Hasta que un día, ya con catorce años, vino diciendo que esa Semana Santa sí quería salir.

—Raúl, es miércoles de pasión; queda sólo una semana para que salga San Bernardo, ¿tú crees que a estas alturas me puedes decir esto?

—Es que yo no quiero salir en San Bernardo. Yo quiero salir en la Borriquita.

Faltaban sólo cuatro días. No tenía ni túnica. Pero, con catorce años, era la última vez que iba a poder salir de nazareno en la Borriquita.

El niño salió en la Borriquita. Ahí estuvo su Hermandad para hacerlo posible.

La Hermandad y el Cristo del Amor llevan en mi vida, en mi corazón, desde que una lejana tarde en que la lluvia no dejó salir a las cofradías, me crucé en los soportales del Ayuntamiento, donde nos habíamos refugiado del chaparrón, con la niña más guapa que había visto jamás. Se llamaba Isabel y fue quien me llevó hasta el Cristo del Amor. Todavía puedo verla, era apenas una niña, orando ante su altar. Cada vez que salíamos a dar una vuelta y pasábamos por el Salvador, invariablemente entrábamos a verlo. Una de las veces que lo hicimos, al salir sonaba en el órgano la marcha nupcial.

Ha pasado ya mucho tiempo desde entonces, y no han sido pocas las tempestades a las que hicimos frente en nuestra singladura, pero hasta en los momentos más duros, siempre sentimos que nuestro Cristo del Amor nos confortaba; nos sostenía; alimentaba de esperanza nuestro corazón con su sacrificio, como el pelícano alimenta a sus crías de su propia carne. Porque Él es un padre que ama a todos sus hijos por igual, porque también es infinita su capacidad de amar. Ese es nuestro Cristo del Amor; el de la advocación más bella y que mejor define a Dios. El que se entrega; el que ama y perdona; el que comprende y consuela; el de la Hermandad que abraza el Domingo de Ramos llevando la alegría del estreno en el flamear de las rubias palmas y entrega el Socorro de la Virgen María a los corazones encarcelados en la desesperación y la amargura. Su nombre lo explica todo. Amor. Dios es amor.

Hoy los dos sabemos —en realidad lo supimos hace ya mucho tiempo— que no fue casual aquel encuentro durante una tarde de lluvia en la que no pudieron salir las cofradías. Todas se quedaron en sus iglesias, menos una que salió para nosotros: la del Cristo del Amor; nuestro Cristo, Isa, del Amor.

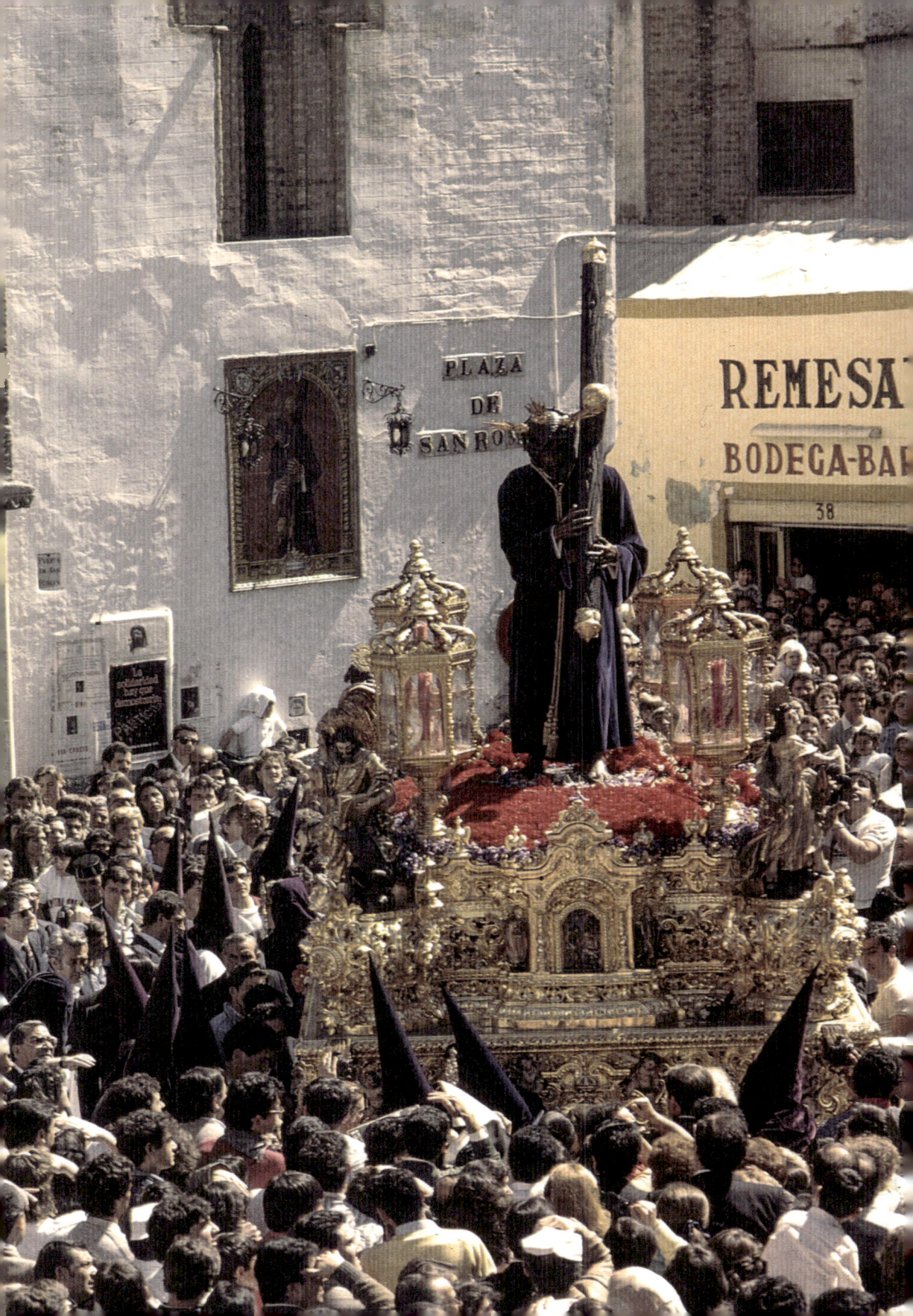

AL CRISTO DE LOS GITANOS

Hay cofrades que tuvieron un sueño; que se sintieron llamados a una misión y lucharon para cumplirla. Cofrades que, con su empeño, nos legaron un patrimonio espiritual y un ejemplo de vida. La historia nos habla de Pepe el Planeta, en la Candelaria, o Ramón, el de las Aguas; aquel humilde cofrade del que Antonio Illanes contó que le encargó un crucificado para su hermandad, acordando en el contrato que ésta le pagaría como buenamente fuera pudiendo.

Nosotros hemos conocido a uno de esos cofrades. Nosotros hemos conocido a Juan Miguel Ortega Ezpeleta; un gitano de verde luna que un día soñó con erigir un templo para su Señor de la Salud. Buscó el lugar adecuado por muchos rincones de la ciudad y al final lo halló en el antiguo e histórico convento del Valle; del que tomó su nombre la Virgen de los ojos verdes; donde Sevilla comenzó a rezar al Gran Poder. Sobre sus benditos cimientos, Juan Miguel haría realidad el sueño de levantar ese templo; luchó, convenció a la Hermandad, a las autoridades y a la Duquesa de Alba para que prestase su decisiva ayuda y, gracias a ello, Sevilla vio llenarse de calor espiritual un rincón otrora abandonado. De todo aquello, este año se ha cumplido el primer cuarto de siglo, pero Juan Miguel no ha podido estar para celebrarlo. Hace sólo unos meses fue llamado a la presencia del Señor de la Salud y su madre bendita de las Angustias. Ya no está con nosotros, pero su sueño, del que él forma parte revestido de San Juan en lo más alto del columnario del templo, quedará para siempre en Sevilla, a la mayor honra y gloria del Señor de la Salud; de su Señor de la Madrugada; de ese Cristo gitano que cruza la noche sagrada perseguido por los ayes desgarrados de las saetas, por los suspiros de quienes se aferran al clavo ardiendo de su cruz, por las miradas de quienes no saben qué pedirle porque no tienen nada, por el silencio de los que enmudecemos al verlo tan solo, tan herido y, a pesar de todo, tan lleno de amor. Y todos sentimos en las entrañas el mismo pellizco, la misma pena, el mismo dolor y el mismo consuelo.

El aire resuena en bronce
cuando el nazareno pasa,
chicotás de oro molío,
la grandeza de tu raza.

Viene al son del martinete
con ecos de yunque y fragua,
con la luna y las estrellas
bajo la noche cerrada.
Llega de un tiempo lejano
que la memoria no alcanza,
lo manda Alberto Gallardo
que va con su primo Juanma.
Cuánta gracia en tu cuadrilla,
esa cuadrilla gitana
que de canela y de clavo
trae la brisa perfumada.
Saetas por soleares
Mairena otra vez canta
desde el balcón de la Gloria,
de la gloria sevillana.
Ay, Cristo de los Gitanos,
cuánta humildad en tu mirada,
qué mansedumbre en tu gesto,
conmueve a quien no cree en nada,
y cuánto el dolor conforta
el verte otra vez la cara.

Romero, jara y tomillo,
y un ramito de albahaca,
pa'r mejó de los nacíos,
ése que Tu cruz abraza
cuando la noche es más noche,
cuando toda luz se apaga.
Hoy Sevilla irá a buscarte,
a decirte cuánto te ama.
Vendrá a ofrecerte claveles
y lirios pondrá a tus plantas,
querrá contarte sus penas,
las que dice y las que calla.
Yo sé que tú las conoces
porque estás en cada casa.
Y te cantarán bajito,
y te tocarán las palmas.
Señor del cielo y la luna,
de la virtud y la templanza,
dale salud a los vivos
y paz a los que descansan,
y que tu Madre, la Virgen
por el amor coronada,
consuele nuestras angustias
y lleve al corazón calma.

Ay, Cristo de los Gitanos,
Señor de la Madrugada,
Tú eres la luz que en Sevilla
ilumina la mañana.

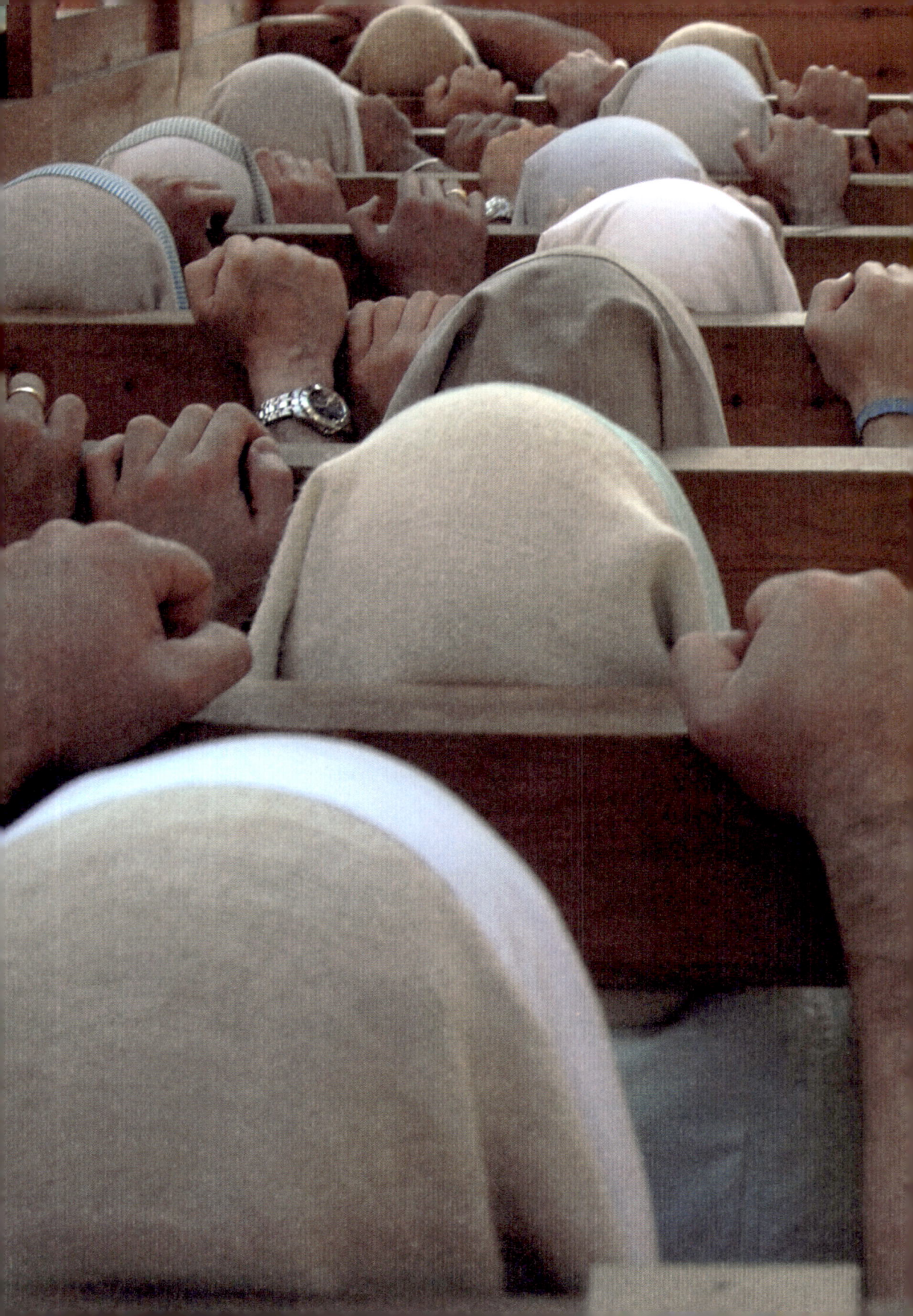

COSTALERO DE SEVILLA

Hay cofrades que pasan a la historia; cofrades a quienes todos conocemos. Pero la esencia del cofrade es el anonimato. Que sólo Dios sepa quién eres. En Sevilla, el cofrade anónimo por antonomasia es, debe ser, el costalero. El costalero es la figura más característica y distintiva de nuestra Semana Santa; protagonista además de mil y una historias en las que siempre aparecen entrelazados, al fin y al cabo estamos en Sevilla, el drama y la comedia.

Es de fama que, en la mítica cuadrilla de la Puerta Osario, había un costalero al que le faltaba un brazo, que solía ir a las mudás acompañado por su perrito. Un simpático chucho al que tenía bien enseñado para que le llevase el costal. El perro era tan listo que se sabía el camino desde su casa a todas las iglesias donde su dueño sacaba un paso.

Un día, después de una desarmá y una vez que el capataz había repartido los jornales, el costalero manco le puso el costal en la boca al perro y se quedó a echar un rato con los compañeros en una taberna. La cosa se tuvo que alargar más de la cuenta, porque cuando el hombre llegó a su casa, su mujer lo recibió con cajas destempladas:

—¡Vaya lo que has tardado. Te has entretenío, eh!

—Si ha sido sólo un momento —le dijo él.

—¿Un momento? Po er perro ha llegao hase doh horah.

La historia de nuestra Semana Santa no ha tratado con justicia a los costaleros antiguos, a los llamados profesionales; aunque ellos preferían llamarse «aficionados». También había mucha verdad, mucha fe, mucha devoción, y, desde luego mucho más esfuerzo, debajo de los pasos en su época. Yo quisiera aquí por eso homenajear su memoria, rendirles el tributo que merecen. Costaleros del hambre, canijos, vestidos de calle bajo las trabajaderas, proletarios de la devoción; costaleros que hacían la corría entera, un paso cada día de la semana y sin relevos. Y no siempre lo hacían por dinero, que muchas veces el jornal lo dejaban en un pañuelo para algún compañero necesitado, que no eran pocos en aquellos duros años. Costaleros que soportaban, además del peso de la trabajadera, el del prejuicio y hasta el desprecio. Yo conocí a muchos de aquellos atlantes de la Semana Santa: el Kiki, el Piola, Alberto Gallardo y tantos otros; y puedo dar fe de su categoría de hombres y cristianos cabales.

Es cierto que la llegada de los hermanos costaleros ha sido una de las mejores cosas que le han pasado a la Semana Santa de Sevilla, pero, oiga, un respeto para quienes durante siglos estuvieron llevando antes los pasos. Un respeto.

Dice mucho del aprecio que el pueblo llano le tiene a los costaleros, a los de antes y a los de ahora, que quienes mejor les han cantado hayan sido los poetas populares. Los autores de las sevillanas.

El Pali, los del Guadalquivir, los Romeros de la Puebla y, sobre todo, los Cantores de Híspalis de Pascual González, que no se podía tener un nombre más semanasantero: Pascual.

De Pascual González se decía que tenía escrito el pregón de la Semana Santa por si un día lo llamaban. Yo se lo pregunté una vez.

—Pascual, ¿es verdad que tienes escrito el Pregón?

Su respuesta no pudo ser más hermosa.

—En el corazón, sí.

Ese pregón que Pascual tendría que haber pronunciado en este atril, lo dio en los versos que escribió para nuestras cofradías, y en especial para la gente de abajo; sin duda los más sentidos de nuestra poesía popular. Y como Pascual, que tenía un punto de genio, era un innovador, no sólo cantó a los costaleros. También les cambió el calzado.

A partir de Pascual González, los costaleros dejaron de llevar alpargatas y empezaron a llevar zapatillas; y lo hicieron por la sencilla razón de que alpargata no rima con Sevilla. «Costalero de Sevilla, qué orgullo debes llevá, el costal, la zapatilla y la faja reliá».

Fuera es otra cosa, pero aquí, en Sevilla, la zapatilla es algo que nos ponemos para estar en casa. Sin embargo, el genio de Pascual hizo que los costaleros también las llevaran debajo de los pasos. Al fin y al cabo, ahí están como en su casa. En la casa de Dios.

Costalero de Sevilla, qué orgullo debes llevar... El calzado será distinto, pero el orgullo es el mismo.

Llevas a Dios por Sevilla,
faja, alpargata y costal,
eres del barco la quilla,
del rito, la cervical.
Sin ti no sería igual
el milagro de la ojiva,
ni el varal quieto que esquiva
en cada esquina la cal.
Tu procesión va por dentro,
de gravedad eres el centro
en la divina semana,
como ayer, hoy y mañana
te santifica el trabajo
en el que tu fe se afana.
Viva le gente de abajo,
viva el pueblo soberano,
nunca tu esfuerzo fue en vano,
de frente y sobre los pies,
vamos al cielo con Él,
costalero sevillano.

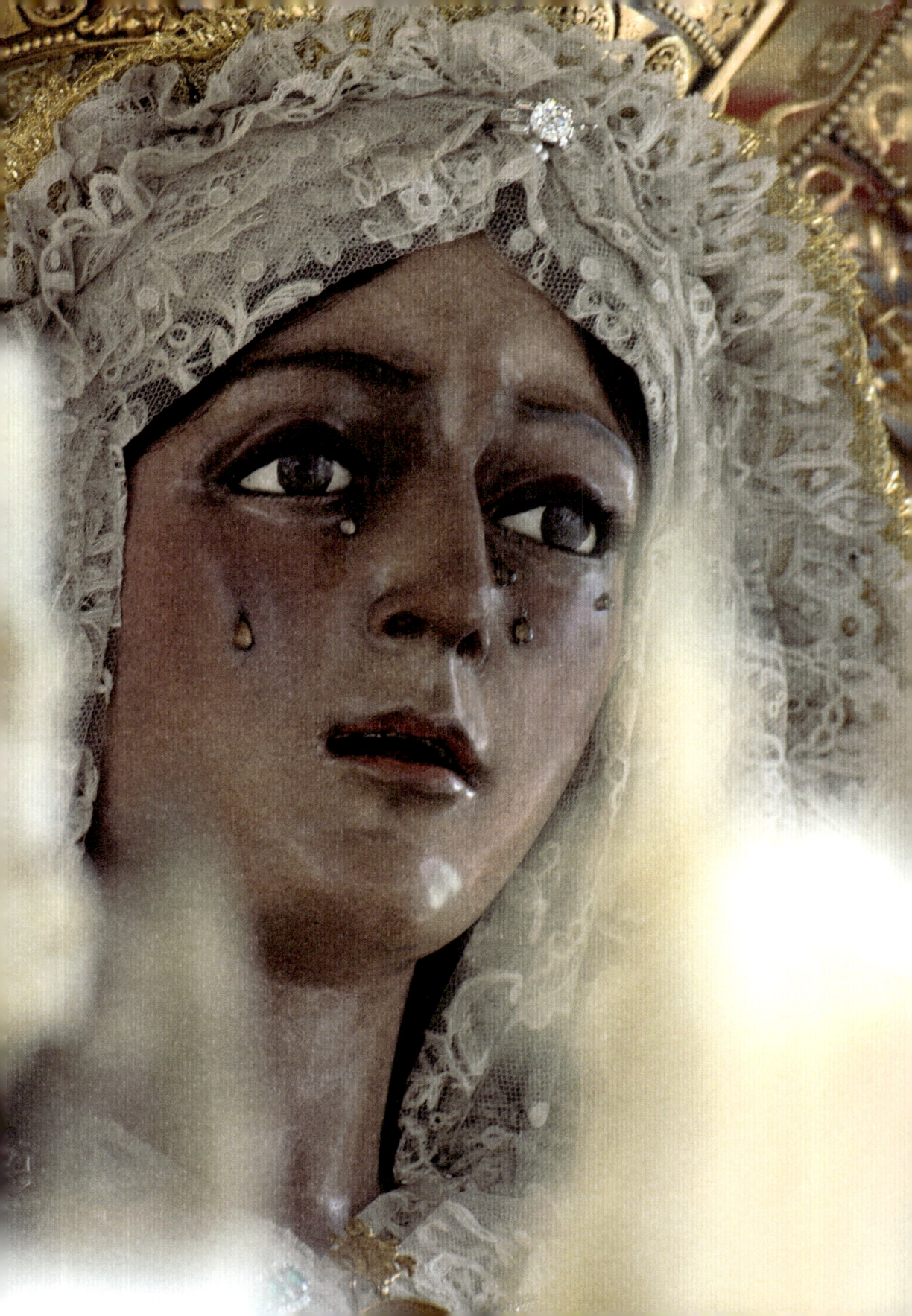

YA VIENE LA MACARENA

Yo de niño no viví la Semana Santa. La soñé. Soñé la Semana Santa a través de la Radio; la soñé en las voces de los grandes maestros: de Filiberto Mira, José Luis Garrido, Chano Amador, José Manuel del Castillo, Agustín Navarro y tantos otros. La Radio me hacía crear cada noche el ensueño de un universo mágico de emociones y sentimientos. Cuando la Radio hablaba de la Semana Santa, me hablaba de algo muy especial que acontecía en un lugar también mágico y especial: Sevilla. Mi ciudad.

La Radio también hizo que aquel sueño se convirtiese en realidad cuando la vida me concedió el privilegio de ejercer mi vocación de periodista. Periodista... en una cadena de radio. Ahora sería mi voz la que llevara la Semana Santa hasta los oídos de tantos sevillanos que, soñándola, tal vez llegarían a amarla.

En mi primera Madrugá en la Campana reparé en un fenómeno que venía rufando en la banda de la Centuria Macarena.

Alguna vez ya he dicho lo que entonces pensé. Ese tío toca como Charlie Watts, el batería de los Rolling Stones. Aquel tío era Pepe Hidalgo, un hombre sencillo, del pueblo, que tenía oro en sus baquetas y diamantes en su corazón. Si era bueno tocando, mejor era como persona.

Nadie le rezó al Señor como lo hizo el gran Pepe Hidalgo con su tambor. Ese Señor de la Sentencia que lo llevó de la mano en la vida para que fuera haciendo el bien con tantos chavales a quienes enseñó a tocar el tambor y la corneta, pero, sobre todo, a ser buenas personas; Pepe cumplió así el supremo mandato de amarnos los unos a los otros que nos dio un hombre injustamente condenado a la muerte más horrible, pero que a pesar de todo siguió amando y perdonando incluso a quienes lo mataron.

> Mi Señor de la Sentencia,
> inocente condenado
> por quienes has liberado
> con tu amor, piedad y clemencia.
> Quiso limpiar su conciencia
> Pilato al lavar sus manos,
> mas no pudo el vil romano,
> que en su compasión mentía.
> Para ti no hubo amnistía,
> sino castigo inhumano.
> Hoy se repite la historia,
> borrar quieren tu memoria,

que no quede quien te ha visto,
pero el mensaje de Cristo
perdurará mientras haya
en la Tierra un macareno,
que por Jesús Nazareno
ellos siempre dan la talla.
Cristo tampoco nos falla,
error con amor Él paga,
no importa cuánto mal se haga,
su piedad todo lo alcanza.
Es su fuerza la templanza
y su Sentencia, el perdón.
Abre ya tu corazón
al Hijo de la Esperanza.

El paso de la Sentencia cruzó al fin la Campana y enfiló la calle Sierpes, seguido por Pepe Hidalgo y toda la cohorte de los armaos. La afamada Tertia Legio Hispalensi, Gloria Macarenorum, a cuya tropa iba saludando el relentito de la noche, que parecía decirle: Ave Gastadoribus, Ave Gandingae, Ave Matris Vostris Paritorum.

Los armaos son la gracia de Sevilla; y también son lo más genuina e ingenuamente heterodoxo de su Semana Santa. Es curiosa la unanimidad que suscitan. En la pared de un garito jipi de la calle Feria alguien garabateó unos versos que decían:

Un poeta ya lo dijo,
Roma triunfante, colega.
No le pongas ni una pega
que del Sentencia es sufijo,
le cantó el Silvio, canijo.
Es una tropa sin tacha,
lo mejor que se despacha
de la muralla y la almena,
Armao de la Macarena
y avanti con la guaracha.

De repente, se oyó un clamor en el Duque. El compañero del micro inalámbrico, aquel año Paco Gallardo, hijo del gran Alberto Gallardo, nos aclaró qué pasaba: «Acaba de llegar el bacalao de la Macarena».

Bastó el bacalao para que aquello se viniera abajo.

Al poco, llegó el paso. Paco volvió a llamarme la atención sobre un detalle.

—Fíté qué arte los ciriales de la Macarena.

Cada uno de aquellos seis ciriales se inclinaba hacia un lado diferente; los acólitos que los portaban no podían mantenerlos enhiestos en medio de la enfervorizada masa humana entre la que intentaban abrirse paso.

Había, sin embargo, una extraña belleza en aquellos ciriales, cada cual inclinado en un ángulo distinto y en direcciones opuestas; como si cada uno de ellos estuviera señalando algo que a todos se nos ocultaba pero que debíamos ver. Y se tenía la sensación de que esa accidentada asimetría tuviera una razón de ser profunda; que así fuera exactamente como tenía que ser. Aquellos ciriales mostraban la apoteosis de un momento sin igual. La Macarena entraba en la Campana.

—Fité loh cirialeh, quillo.

Al poco rato me vi delante de ella. Ahora era yo el que llevaba el micrófono inalámbrico. Venía el paso con una bulla enorme delante; nadie sabía, o sí, cómo toda esa gente se había colado en la Carrera Oficial. En medio estaba yo, cargando con el armatoste del micro, andando para atrás entre empujones y contando lo que veía y, sobre todo, sentía. Era incómodo para todos, pero les juro que no había nadie que no sonriera ni que no tuviera el vello de punta.

Pepe el Pelao venía en la presidencia junto al hermano mayor, José Luis de Pablo Romero. El palio avanzaba a las órdenes de Luis León, con su tupé de ranchero de Texas, mientras las fachadas de la Campana rebotaban sucesivamente los acordes de las marchas triunfales que acompañan los grandes momentos de la Virgen de San Gil.

Cómo iba la Virgen, Sevilla, aunque... qué te voy a contar yo a ti que tú no sepas. Yo, ya digo, iba haciendo lo que podía; buscando las palabras que pudieran explicar aquella emoción inexplicable; describir aquel momento indescriptible. ¿Qué pude decir? No lo recuerdo.

Los clamores no cesaban; el paso había doblado ya la última esquina y enfilaba la calle Sierpes. Desde el balcón de Pilar Burgos emergió entonces el torrente de una saeta de Pepe er Peregí, que se impuso a toda la banda del Carmen de Salteras, a las voces del capataz y a los vivas de la gente. Era el delirio.

Con la gracia del más genuino andar de los palios de Sevilla, el paso de la Macarena entró al fin en la calle Sierpes. Al fondo, los relojes del Cronómetro daban seis veces la hora exacta de un milagro. Yo me quedé en la esquina. A mi lado, dos dependientas de la confitería de la Campana lloraban... como magdalenas.

Apagué el micro y ya me disponía a regresar al balcón donde Canal Sur Radio tenía sus equipos cuando, desde la tribuna, alguien me llamó. Era una muchacha que también lloraba. De sus oídos pendían unos auriculares con los que supuse había estado escuchando la narración que yo acababa de hacer de algo que también ella había visto. Extendió su mano hacia mí, estrechó la mía y me dijo: Gracias. No dijo más. Ni hizo falta. En ese momento descubrí qué es eso que llaman la magia de la Radio. Y lo supe por obra y gracia de la que, sin que yo pudiera imaginarlo entonces todavía, iba a seguir aprendiendo muchas otras cosas a lo largo de mi vida: la Virgen de la Esperanza Macarena. La Madre de Dios.

> No hace falta que lo avale
> el Concilio de Nicea,
> con que Sevilla lo crea,
> a mí me sirve y me vale.
> Si por la mañana sale
> el sol y la luna luego,
> es porque en ti arde el fuego
> que alimenta las estrellas.
> Sin culpa, mancha ni mella
> que empañen tu corazón,
> el pueblo tiene razón
> cuando de elogios te llena.
> Compararte tié condena
> porque como tú no hay dos,
> que eres la Madre de Dios,
> mi Esperanza Macarena.

Una noche de la que luego os hablaré, en la Basílica de la Macarena, Juan Ruiz Cárdenas, que era entonces hermano mayor, me dijo algo que yo oía por vez primera: «Aquí no hay casualidades; hay causalidades». Su afirmación se parecía mucho a algo que había dicho Albert Einstein, el autor de la Teoría de la Relatividad. Nada es casual, el azar no existe. Dios no juega a los dados.

Einstein y Ruiz Cárdenas estaban de acuerdo en que todas las cosas tenían una causa; pero mientras todo un Premio Nobel de Física no sabía cuál podría ser, Juan Ruiz la tenía enfrente, sobre el presbiterio de la Basílica, puesta ya en besamanos.

Paco no creía en Dios. Tampoco es que crea mucho ahora; pero seguro que un poco más que antes, sí. En la que desde luego cree a pies juntillas es en la Virgen de la Esperanza. Paco y su mujer querían ser padres, pero no podían concebir. Debían adoptar y, aquí en Andalucía, que es donde ellos querían hacerlo, no era fácil. Habían presentado las solicitudes correspondientes, iniciando una ansiosa espera, que a buen seguro sería larga y sin garantía de éxito.

La mañana del Viernes Santo de aquel año, Paco estaba en casa de una amiga que vivía en la calle Amargura. No me preguntéis por qué, pero la Macarena, que nunca pasa por esa calle, pasó aquel año. Al llegar junto al balcón de la casa desde el que Paco veía la cofradía, el palio arrió. Cuando la tuvo delante, Paco la miró y, olvidando su falta de fe, se dirigió a ella con el pensamiento para decirle: «ayúdame a ser padre».

El paso se levantó y continuó su camino. Pasó aquella Semana Santa, pasó el verano… Paco quizá se convenció de que el favor que pidió a la Macarena no tuvo mucho sentido. Puede que hasta se olvidara de ello. El tiempo siguió pasando y cuando el otoño acababa, le llegó, al fin, la comunicación oficial de que su esposa y él podrían adoptar una niña. Una niña que, casualmente, había nacido pocas semanas antes: el 1 de septiembre, festividad de San Gil Abad.

La carta que traía aquella noticia; la carta que le anunciaba que, al fin, vería hecho realidad su sueño de ser padre; la carta que a Paco le confirmaba que iba a tener lo que le pidió a la Macarena llevaba la fecha del día 18 de diciembre, festividad de la Virgen de la Esperanza.

Seguramente, una casualidad, aunque Paco está seguro, y quién sabe si Einstein también lo estaría, de que fue Ella. La Macarena, por cierto, no ha vuelto a pasar desde entonces por la calle Amargura.

Y es que, a veces, Sevilla, la Macarena, de forma sutil, como lo hizo con Paco, te llama. Y cuando la Macarena te llama, hay que ir.

A mí también me ha pasado.

Voy a revelar algo que hasta ahora sólo sabían muy pocas personas; los allegados. Pero hoy todos ustedes son los allegados del pregonero.

La noche en que Juan Ruiz nos hizo aquella distinción entre casualidades y causalidades asistíamos a la bajada de la

Esperanza. Una de esas casualidades inexplicables me había llevado hasta allí. No recuerdo qué día de la semana era, pero sí que el sábado siguiente, mi mujer, Isa, iba a someterse a una intervención delicada que nos tenía muy preocupados. La invitación para acudir a tan restringido ritual me llegó de improviso. Había conocido a Juan Ruiz sólo una semana antes y creo que ni él supo por qué decidió invitarme. Quizá lo comprendió esa misma noche, cuando le contamos lo de la operación. Yo porté a la Macarena con el pregonero de aquel año, Curro Ruiz Torrent. Y Juan ofreció a mi mujer un pañuelo de la Virgen que se llevó al quirófano. Ella cuenta que durante el tiempo que estuvo bajo los efectos de la anestesia, vio su cara; esa que ríe y llora al mismo tiempo. Sí, seguramente, también una casualidad.

Todo salió bien y el pañuelo se quedó con nosotros. Un pañuelo que solíamos ofrecer a la familia y los amigos en los momentos difíciles.

Pocos años después, el padre de Isa cayó enfermo. La tarde del día de Navidad empeoró de forma irreversible. Corrimos al hospital con el pañuelo, que Isa depositó bajo su almohada. Pero no hubo milagro. Aquella misma noche falleció. Al cabo de las primeras horas de dolor y trámites funestos, empezamos a preguntar por el pañuelo. Nadie lo había visto. Las enfermeras, ejemplares como todas las que desempeñan este humanitario cometido, lo buscaron por todas partes. Parecía haberse volatilizado. No se pudo encontrar. Seguramente lo que pasó tuviera una explicación lógica; que el pañuelo se confundiera entre el revoltijo de lencería del hospital y nadie lo viera. Pero a quienes creemos en los milagros de la Virgen de la Esperanza, algo dentro nos dice que, después de haber acompañado al padre de Isa en el trance definitivo y conducirlo hasta Ella, ese pañuelo voló de nuevo a sus manos para que la Macarena siguiera con él secando las lágrimas de tantos desesperados a quienes da su consuelo.

A nosotros, el pañuelo ya no nos hacía falta, porque la llevábamos a Ella misma, entera, guardada para siempre en lo más profundo de nuestra alma.

Un mar seca tu pañuelo
de lágrimas, Esperanza.
Siempre inclinas la balanza
cuando el mal te reta a duelo.
A tus plantas sus anhelos
y hasta sus vidas presentan
quienes en ti la fe asientan
porque eres el mismo cielo.
Eres la llena de Gracia,
la estrella de la mañana,
la hermosura sevillana,

la que de aliento nos sacia.
Tú eres la democracia
porque eres Madre de todos,
del abuelo, el padre y el crío,
y hasta del que no ha nacío.
Eres de Sevilla el NoDo,
la Giralda, el cielo, el río,
la esencia, el señorío,
eres la cal y el esmero
de los que labran el oro.
La muralla de los moros,
el capote de Romero,
y eres también el albero
de la plaza de los toros.
Eres la paz de mi casa
y la mirada más noble,
y te adivino en la guasa
de mi hermano Paco Robles.

Tu eres la plaza de España
y el parque de María Luisa.
En primavera, la brisa
y eres cristal que se empaña
en otoño. Y eres risa
en abril. Y eres gitana

y cante por sevillanas.
De la guitarra, la prima,
de Gustavo Adolfo, rima
que entona la Resolana,
y fíjate qué detalle
de Bécquer, la firma escrita
en la esquina de tu calle.
Eres bondad infinita,
Rosa que no se marchita.
No hay nada que igual se halle,
porque tú eres Sevilla
y eres Andalucía,
la bendita tierra mía
donde tu resplandor brilla.
La que elegiste, María,
para sembrar la semilla
de la más bella azucena
sevillana y nazarena,
que adoran en todo confín.
Eres el principio y el fin,
la más guapa, la más buena,
la Esperanza Macarena.

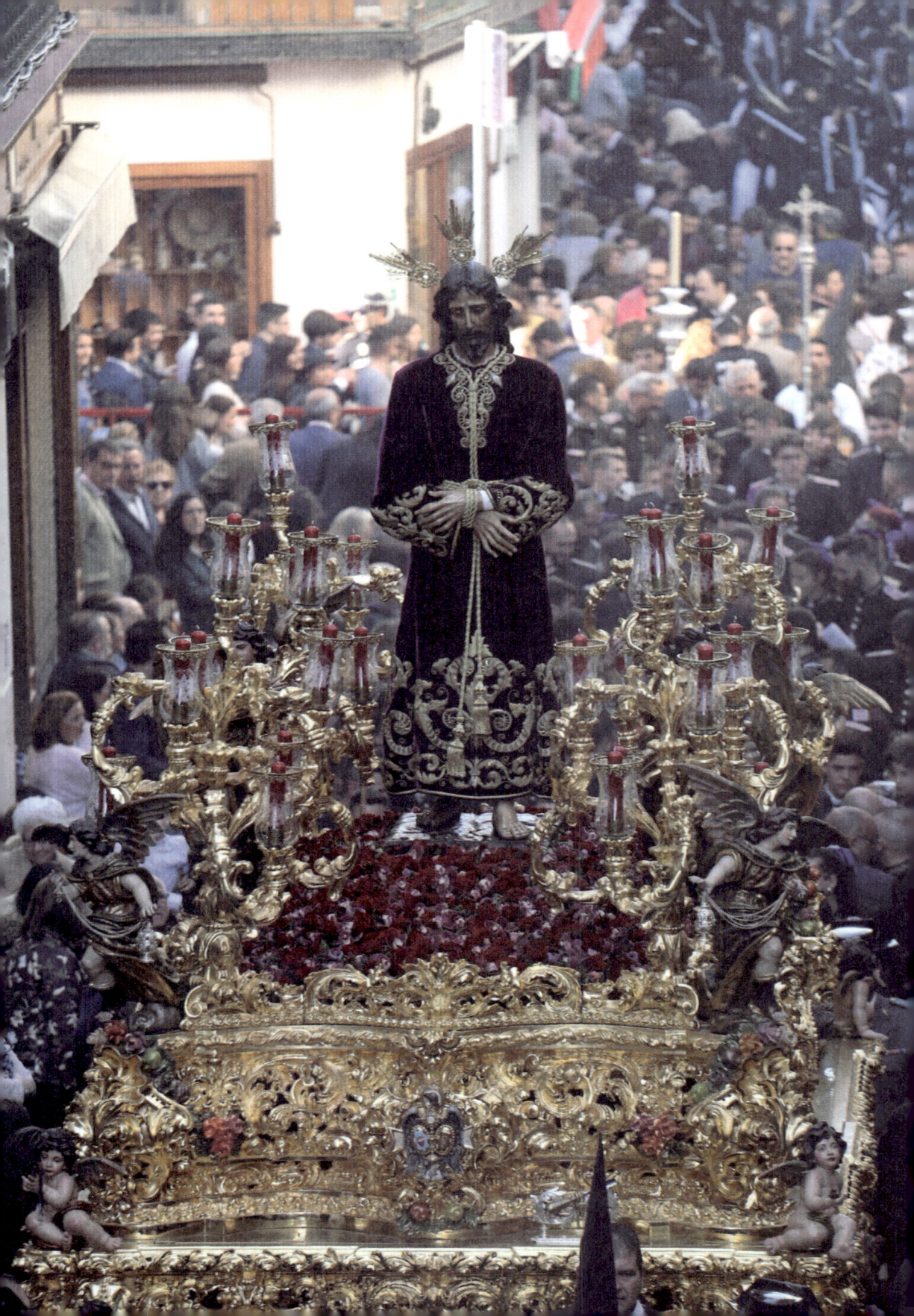

PARA ELLOS LA SEMANA SANTA

El pregonero, en ese punto y hora, quisiera dedicar un recuerdo a esos niños y niñas eternos para quienes la Semana Santa, las cofradías y todo lo que éstas comprenden: los pasos, los nazarenos, los costaleros, las bandas, las insignias, la cera, los caramelos... constituyen casi todo. Son su alegría, su mundo, el mejor de sus juguetes, la mayor de las ilusiones. Niños que nacieron con el Cielo ya ganado; niños y niñas que, como la Virgen María, vinieron al mundo sin pecado original.

Yo veo a esos niños cada mañana acompañados por sus padres y madres, en cuyas miradas asoma una tristeza infinita y el dolor de la herida que llevan en el alma. Y también el miedo por el incierto futuro de sus hijos. ¿Qué les pasará cuando ellos ya no estén para cuidarlos?

De la mano los siguen llevando, aunque a veces son ya más altos que sus padres, hasta los autobuses o las dependencias de esas entidades que son un orgullo para la ciudad: Autismo Sevilla, Aspanri, la Once y tantas otras, con el Centro de Estimulación Precoz de la Hermandad del Buen Fin como estandarte. Sólo por ellos, por ver sus caras de felicidad, su risa y su alegría merece la pena cada año el esfuerzo de llevar los pasos, montar los altares de insignias, cargar con las cruces, instalar la Carrera Oficial o salir de nazareno. Sólo por ellos merece la pena que exista la Semana Santa de Sevilla.

De esos niños y niñas que nunca dejaran de serlo por muchos años que cumplan quiero acordarme en esta hora, cuando cada vez esta más cerca el instante en el que volverán a estremecerse, a reír, a gritar de entusiasmo viendo el primer nazareno en la calle o escuchando los tambores de la banda de una cruz de guía. Seres de luz, espíritus de azahar que son la personificación de la bondad y la pureza. Para ellos, entera, la Semana Santa.

En su homenaje, quisiera hacer mía a esta hora la arenga instituida por un singular cofrade de Sevilla: Angelito el aguaó, alguien que, a su manera, también es cada año pregonero de la Semana Santa y a quien simbólicamente quiero tomar ahora de la mano para que suba a este atril y, con él, en el presentir de que ahora sí, esto ya está aquí, decir a los cuatro vientos:

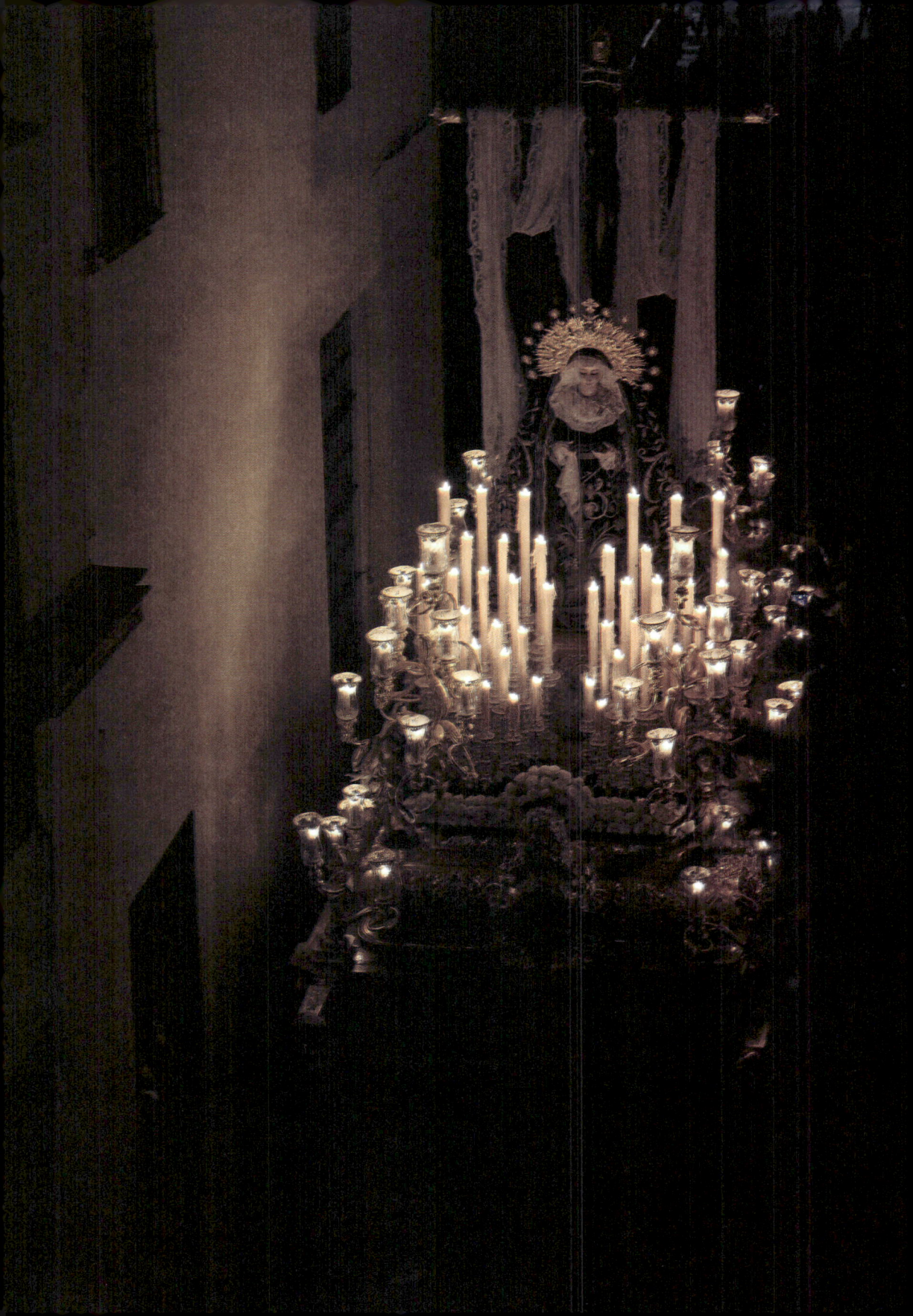

COFRADES A LA CALLE

Cofrades a la calle. A proclamar con orgullo nuestra fe en Cristo y María.

Cofrades a la calle. A honrar a nuestros padres, renovando la tradición que ellos nos legaron.

Cofrades a la calle. Que se levanta el paso de la primavera y todos tenemos que estar puestos.

Cofrades a la calle. Que el tiempo vuela y la Semana Santa llega para irse en un suspiro.

> Cofrades, sí, a la calle.
> Que nadie se quede en casa,
> que la primera ya pasa.
> Que nadie a Sevilla falle,
> ni vaya a faltar detalle,

incienso, flor, melodía...,
a ninguna cofradía.
Cofrade, sal a la calle,
mira cómo está Sevilla,
la ciudad es una chiquilla
que el río ciñe por el talle,
cuida que no se desmaye
de esta bendita ilusión,
del Rosario la oración
rezará en cada varal
el palio de Montesión,
y cual si fuera un fanal,
la Virgen del Dulce Nombre
iluminará a los hombres
con su gracia sevillana.
Qué gloriosa es la mañana
del Polígono San Pablo,
sé muy bien de lo que hablo,
allí está el mismo Dios, vivo
de fe y devoción Cautivo.
Cofrade, sal a la calle,
portad las ramas de olivo
que al espíritu conmuevan
los ritos que hoy se renuevan.
El sentimiento arrebata
la ojiva al morder la plata
cuando sale San Esteban.

Una emoción que delata
en esta noche de calma
esa lágrima sincera
que se derrama cual cera
ante el Cristo de las Almas.
Cofrade, sal a la calle,
hazle caso a tu albedrío
que te está pidiendo a gritos
rezarle al rostro bendito
de la Virgen del Rocío.
Sevilla entera en la calle,
Las Tres Mil, Los Pajaritos,
Sevilla Este y Nervión,
Rochelambert y el Tardón,
todos los once distritos
sin que haya más requisito
que el orgullo y la emoción,
toma tu cirio encendido,
que sale la procesión.
Cofrade, venga a la calle,
únete al pueblo elegido
que el azahar ha florecido
como un blanco terciopelo
y dale gracias al cielo
porque en Sevilla has nacido.

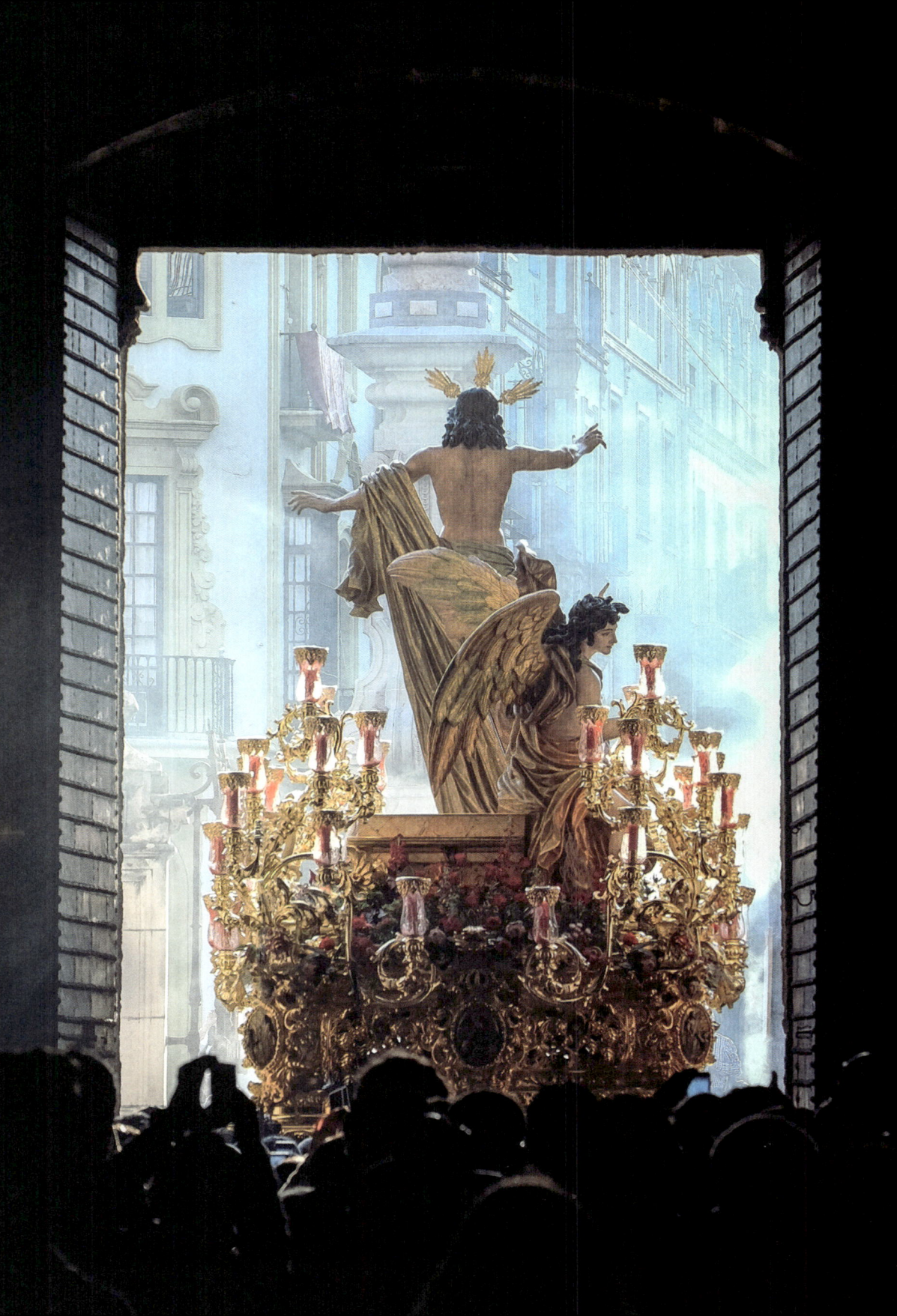

SÓLO FALTAN SIETE DÍAS
(Epílogo)

Cuando los nazarenos de San Bernardo terminamos la estación de penitencia, acudimos a la capilla sacramental para postrarnos ante el Santísimo y darle gracias. Es un momento de plenitud, de encuentro con Dios. Allí, arrodillado junto a tus hermanos, comprendes el sentido del sacrificio que acabas de realizar y también el de la misión que él nos encomendó: amaos los unos a los otros.

Un año más se acerca la hora de volver a vivir ese momento; y al verlo acercarse, parece que también lo hacen todas las veces que antes lo viví. Mi padre me ha sacado otra vez la papeleta y vuelvo a verlo llegar a casa con ella. Y, como cuando era un chiquillo, siento renovarse dentro de mí la alegría y el orgullo de volver a ser un nazareno de San Bernardo. Un nazareno de Sevilla.

> Has vuelto a regresar desde la sombra
> donde un mal día te encerró la muerte,

en cada cosa ahora puedo verte,
oigo tu voz de nuevo, que me nombra.

Los pétalos de azahar tejen la alfombra
que de un fatal destino nos advierte,
mas Sevilla hoy me concede tenerte,
Milagro de ciudad que el alma asombra.

Ya no pasa la lenta cofradía
de oscuros y callados nazarenos
que de tu mano ver yo te pedía.

La que pasa es la vida y no halla freno
que impida al sol ponerse cada día.
Te espero en San Bernardo, padre bueno.

Decían los clásicos que no hay plazo que no se cumpla ni deuda que no se pague. Y el rockero Silvio, que sabía tanto de tantas cosas, aseguraba también que existe una ley universal, de esas leyes que, según él, sólo pueden comprender los animales... y los japoneses, quizás también el Almirante Apodaca, que hace que las cosas pasen cuando tienen que pasar, si es que tienen que pasar.

Yo esta mañana quisiera dar gracias a esa ley, que en el fondo todos sabemos quién redacta, por haber hecho que pase esto que ha pasado; por haberme permitido saldar mi deuda de amor con Sevilla anunciando la llegada de su Semana Mejor.

El domingo que viene, cuando ya sí sea Semana Santa, entre el cancel y la puerta de la iglesia del Salvador, se renovará un sencillo ritual que cada año oficia el primer nazareno de Sevilla. Kiko Bonilla, que ese es su nombre, lleva más de treinta años siendo el primero en la Campana. Y este Domingo de Ramos, si Dios quiere, volverá a serlo.

Sucederá más o menos a esta hora, Kiko, puesto ya su negro capirote y colgada del brazo la canastilla de mimbre de diputado de cruz de guía de la Hermandad del Amor, rezará un Padrenuestro al Señor de la Sagrada Entrada, acordándose de los que con Él se fueron. Como de costumbre, seguro que se le escapará alguna lagrimilla que ocultará el antifaz. Luego, cogerá en brazos a su nieto, que irá vestido con la túnica blanca, tomará de la mano al niño que pedirá la venia y, con el paso ceremonioso de los nazarenos de Sevilla, echará a andar rampla abajo mientras la banda toca Cristo del Amor y la bulla congregada a las puertas del templo se retira ante él, como las aguas del Mar Rojo ante Moisés. De ese modo, empezará a escribirse otra vez la más bella historia que cada año acontece en Sevilla. La historia de una nueva Semana Santa.

Sólo faltan siete días
para llenar de alegría
el corazón sevillano,
qué cerca está ya, hermano,
Cristo en la calle. Y María.
Sólo faltan siete días.
Queda nada, un suspiro.
A todas partes que miro
hallo luz en la mirada,
Sevilla no dice nada,
mas brilla como un zafiro.
Está aquí. No queda nada,
ya será Semana Santa
cuando al pasar la semana
claree la mejor mañana
y el sol bese a la Giganta
mientras suena Font de Anta
al repicar sus campanas.
Y será Semana Santa
cuando ese viejo martillo,
de plata nueva su brillo,
le diga al paso: levanta,
que la impaciencia ya es tanta
por abrir ese portillo.
Y será Semana Santa
cuando veas sobre el terreno

ese primer nazareno
que a la niña chica espanta
pero ante el que alma canta
porque ya está aquí lo bueno.
Y será Semana Santa
en la tierra sevillana
cuando ese alma temprana,
semilla de nuestra planta,
con un nudo en su garganta
pida la venia en Campana.
Quedan aún siete días,
pero es sólo una semana.
Nada más que siete días...
para colmar de alegría
el corazón sevillano.
Qué cerca está ya, hermano.
Gritarlo quieren las bocas.
En el reloj giran locas
una y otra manecilla.
Ahora ya no lo soñamos.
Llegó al fin lo que esperamos:
la gloria, la maravilla
del cielo azul de Sevilla
en un Domingo de Ramos.

He dicho.

ÍNDICE

Todo, absolutamente todo, cuanto he dicho aquí ha estado inspirado por una historia de amor. Una hermosa historia de amor que labraron y compartieron un trianero llamado Juan Vega Ramírez y una sevillana de la Cruz del Campo que se llamó Dolores Leal Estudillo. A ellos dos, a mis padres, va dedicado este Pregón.